D1760424

COLLECTION POÉSIE

ANDRÉ BRETON

Poisson
soluble

Préface de Julien Gracq
Édition établie et annotée
par Marguerite Bonnet
avec le concours
de Philippe Bernier

GALLIMARD

C'est André Breton qui a lui-même choisi le tableau d'Yves Laloy qui figure en couverture pour illustrer la couverture de l'ouvrage *Le Surréalisme et la Peinture* paru en 1965 (réédition aux Éditions Gallimard).

SPECTRE DU « POISSON SOLUBLE »

Il n'est plus guère de mise aujourd'hui de se souvenir que le Manifeste du surréalisme — le fait n'est pas si commun — joignait l'exemple au précepte. Pour injuste que l'on puisse tenir ce traitement préférentiel, les raisons n'en sont pas mystérieuses. Le lecteur — on oublie trop qu'un excès de pudeur ici n'est pas de mise — le lecteur qu'on ne tient jamais à merci, toujours à l'affût d'une occasion de sauter les pages, n'a que trop tendance à croire sur parole l'écrivain imprudent qui lui tend la perche, qui le tient quitte d'avance d'une partie de son écrit —, et il faut avouer que la main réticente qui lui tendait le Poisson soluble ne témoignait pas d'un excès de conviction.

« Les caractères communs à tous les textes de ce genre... ne s'opposent pas à une certaine évolution de la prose surréaliste dans le temps. Venant après quantité d'essais auxquels je me suis livré dans ce sens depuis cinq ans, et dont j'ai la faiblesse de juger la plupart extrêmement désordon-

7

nés, les historiettes[1] *qui forment la suite de ce volume m'en fournissent une preuve flagrante. Je ne les tiens à cause de cela ni pour plus dignes, ni pour plus indignes de figurer aux yeux du lecteur les gains que l'apport surréaliste est susceptible de faire réaliser à sa conscience[2]. »*

Disons-le d'ailleurs tout net : tout se passe comme si Breton réservait au Poisson soluble *cette distraction profonde et cette rancune inavouée qu'un écrivain ne manque guère de reporter sur l'un de ses livres, et qui fait que « par hasard » tel de ces livres — jamais réédité, peu cité — semble glisser sans secousses hors du champ visuel, comme ces objets familiers qui ont les meilleures raisons du monde de devenir périodiquement introuvables. La réédition récente des* Manifestes *s'en est délestée, et la place qui lui est réservée dans les* Poèmes *que vient de recueillir Breton est des plus chiches : j'irai jusqu'à trouver dans le choix même — déconcertant — des rares textes du* Poisson soluble *qui y figurent une malignité perspicace, une prise à témoin peu impartiale du lecteur dans une querelle qu'on soupçonne intime et longuement entretenue. À voir cette trace s'amenuiser de façon suspecte, il me semble, dans le paquet de cartes qu'on bat, suivre de l'œil celle que la main trop nonchalamment égare. J'ai relu le* Poisson soluble *avec l'anticipation d'un plaisir que je me rappelais vif et insolite, mais — faut-il le dire — d'un œil rendu vaguement soupçonneux.*

1. C'est moi qui souligne.
2. *Manifeste du surréalisme.*

L'éclairage a changé depuis 1924. L'impression de sur-prise est moins grande. Le flot de l'écriture automatique a passé, comme on lâche les écluses d'un bassin de chasse, et un lit *malgré tout s'est creusé, que beaucoup se sont ingéniés ensuite à nous aménager en ornière. Ce qui surprendrait plutôt notre œil et notre oreille maintenant prévenus, c'est non seulement un nombre à peu près constamment infail-lible, mais la cohérence remarquable de certaines séquences, le naturel étonnamment plausible d'un grand nombre d'images. Comme, sur un autre plan, les lecteurs de romans policiers très exercés qui exigent aujourd'hui l'élision que Gaboriau ne pouvait se permettre, nous* sautons *plus vite les connexions qui motivent une image à première vue sur-prenante ; quoi de plus naturel qu'un « navire, couché dans la prairie, respire régulièrement » puisqu'il est construit comme une cage thoracique, ou qu'une certaine fraîcheur dans la cassure raide, jointe au fait qu'il nous est donné d'en éclore chaque matin, nous fasse passer aux « draps de coque d'œuf ». L'extraordinaire souplesse de la syntaxe, quelle que soit l'ampleur des oscillations, continue à assurer le sentiment de sécurité indéfinie — au milieu de ces ara-besques et de ce tangage, on dirait qu'est suspendu quelque part un gyroscope invisible — plutôt qu'à l'écriture, c'est au pilotage automatique que cette aptitude à peu près illi-mitée à* ramener dans la ligne *nous fait songer. Il y a des trous d'air et des baisses de régime — des passages à vide qui laissent le cœur flotter un moment, incertain — et puis revient la sensation indéfinissable, la sécurité de l'air por-*

teur, le plancher rebondissant du tapis volant : « J'étais sur un viaduc, pâle à l'idée de ces voyous qu'on emploie sur les locomotives à siffler dans leurs doigts » — « Nous fîmes l'amour longtemps, à la façon des craquements qui se produisent dans les meubles » — « Sur une aiguille de chemin de fer, j'ai vu se poser l'oiseau splendide du sabotage. » Ce qui frappe aujourd'hui dans ce texte historique, c'est une certaine légèreté — une légèreté d'élément, qui n'est pas celle de la poésie légère, mais celle de la première montgolfière, et qui comme elle brûle le papier.

C'est une légèreté contagieuse. Il faut attacher ici la plus grande importance à un changement de signe poétique. Je ne connais pas de poèmes qui, plus que ces poèmes si délestés et si désinvoltes, et où d'un bout à l'autre « la facilité de tout est inappréciable », provoquent ouvertement la réaction naïve (et pourtant si chargée de sens, si chargée d'espoir — en vérité de tout l'espoir impliqué dans la poésie) du lecteur qui se murmure à lui-même : « J'en ferais bien autant. » Réussis ou manqués, leur importance n'est pas là : ils nous rendent cette saveur irremplaçable dont on s'est tellement ingénié depuis à nous faire perdre le goût : des poèmes qui sont une invitation à la poésie. Après tant de poèmes intimidants, « en belle page » sertis d'un blanc aussi glacial que le noir d'un avis de décès, de poèmes qui sont des machines à épaissir le silence par leur manière d'en sortir et d'y rentrer « comme un coucou de pendule » (on croit voir le binocle du propriétaire qui se lève, tousse — se mouche, se rassied), voici que le rectangle de la page imprimée se met à bouger *entre les marges comme le faisceau d'une lanterne sourde, voici que les lignes s'avouent pour ce qu'elles n'ont jamais cessé d'être : un bout de frange mal coupé qui dépasse. Nous suivons une lisière d'écume qui rejette par pulsations des étoiles et des coquillages : nous puisons et nous rejetons sans souci d'épargne :* il n'y a aucun risque, *puisqu'on longe toujours le bruit de la mer. Ce qui nous rend poètes en face de ce butin jeté en vrac, c'est l'énormité pour la première fois pressentie et sondée du commun laissé pour compte, la pression instantanément transmise d'un océan d'inexprimé qui* fait bloc, *qui pèse du même poids sur chaque pouce de son lit. Le poème pour la première fois n'écarte plus et ne cherche plus à écarter l'obsession de tout ce qu'il n'a pas choisi d'être : il se fonde en elle, il s'y replonge et s'y dissout, il perd son opacité construite et détachée d'*objet *poétique, et se réduit à la conjonction d'un* élément, *qui baigne universellement les consciences, et d'un* regard, *qui tire à volonté l'arc-en-ciel de son rideau de pluie et l'y replonge, et pour lequel le poète n'a plus d'œil privilégié. Le poème redevient soluble dans la poésie, son orient fragile et changeant nous parle sans cesse d'une* eau mère, *d'un plasma poétique dont la pulsation l'irrigue et auquel continue de l'unir une vivante consanguinité. Le diamant mallarméen cède la place à la perle* des mers.

Le Poisson soluble *a vingt-cinq ans. Et voici que l'on se sent l'envie de faire une grande querelle à un quart de siècle de poésie contemporaine — une querelle à la mesure, sur un autre plan, d'une longue séquelle d'espoirs déçus de* regroupement et de communion. Le Versailles poétique, lui aussi, a été manqué. Remis en lotissement alors qu'à peine le raz de marée de l'automatisme venait d'y faire place nette, le terrain poétique à nouveau se divise, se hérisse de frontières, de péages, de barbelés. D'autant plus pointilleux qu'il pressent plus étroit son domaine, chaque talent individuel se retranche sur ses terres à l'abri du slogan à tout faire de l'authenticité. Le courant ne circule plus, les échanges de jour en jour s'amenuisent. Notre époque est devenue celle d'une curieuse poésie insulaire, d'une Polynésie emplumée — la lecture de cette poésie, un tourisme privilégié et dispendieux qui exige des guides — où, pour aborder avec agrément à chaque île, il convient d'abord de s'informer au moins d'une façon générale des mœurs, de la religion, des tabous, des totems, de la « Weltanschauung », de l'aborigène. La prise de contact, assaisonnée au moins de l'ingestion d'un pedigree métaphysique sans agrément, devient une opération malaisée et chanceuse, prisée plus haut parfois pour sa difficulté même que l'enrichissement souvent médiocre qu'on envisage d'en retirer — le fossé à franchir laisse comme une saveur archéologique au goût qu'on peut prendre pour des rivages si étrangers. Et si l'inclination du public pour la poésie s'essouffle, s'il se fatigue d'avoir à la rejoindre chaque fois par effraction, c'est qu'il est fatigant en effet d'avoir à forcer chaque fois une frontière qui se hérisse à votre approche — c'est que le culte effréné de la différence et un certain « est-ce assez de moi ? » qu'on pressent comme une hantise derrière la plupart des poèmes de ce

temps, sont en train de faire une Babel dérisoire d'une poé-
sie que 1924 rêvait de faire « ininterrompue » — non seu-
lement dans le temps, mais dans l'espace spirituel — non
seulement d'un jour à l'autre, mais dans le rapport immé-
diat de conscience du poète à autrui. Pour reprendre le terme
de Breton, il y a un « plus petit commun des mortels » en
poésie que le Manifeste rêvait d'accroître infiniment, et
dont les poètes d'aujourd'hui semblent avoir juré la perte.
On cherche aujourd'hui ceux que réclamait le Manifeste :
« les modestes appareils enregistreurs... qui ne se sont
livrés à aucun travail de filtration... et qui ne s'hypnoti-
sent pas sur le dessin qu'ils tracent... ceux qui veulent ser-
vir seulement à orchestrer la merveilleuse partition ». On les
cherche avec une lanterne. Le problème de la poésie actuelle
ne se situe pas autant qu'on l'a cru dans le débat de la
conscience créatrice avec elle-même — il se pose d'un poète à
l'autre et des poètes à leurs lecteurs : c'est un problème de
ventilation.

Et pourtant cette postérité décevante et cloîtrée est à n'en
pas douter celle même du surréalisme, et l'on en vient à se
demander si cet avatar qu'on peut encore espérer passager
n'était pas impliqué dans quelque flottement de la position
initiale. Il y avait dans la conception que se faisait le sur-
réalisme à l'époque du Manifeste de la poésie et des moyens
d'y atteindre à la fois une recette, de l'ordre pratique, et un
pari, de l'espèce héroïque. La recette, c'était l'automatisme :
à supposer même qu'il fût impossible, comme Breton l'a soup-
çonné dans « Le Message automatique » d'y atteindre en fin

de compte avec toute la pureté désirable, il reste qu'il était en effet revendication d'une authenticité totale pour la production poétique, effort acharné pour descendre au plus profond de soi-même, pour frapper d'interdit définitif l'appris et le communément reçu, la monnaie de singe de la littérature qui circule, pour atteindre à un dévoilement exclusif des gisements profonds. Et l'on entend bien que cette leçon n'a pas été perdue. Le pari, c'était l'affirmation euphorique que l'on ne perdait que pour mieux gagner, que la solution de continuité apparente amorcée en surface par la rupture de l'expression logique allait être compensée, et au-delà, par une communion, véritable celle-là et immédiate, dans les profondeurs. *On peut, semble-t-il, dater à peu de chose près la cristallisation de ce mythe optimiste, — la dater de l'énorme choc affectif communiqué à tous les membres du groupe à l'« époque des sommeils » par les propos prophétiques que tient Desnos en état d'hypnose — Desnos qui, tous les témoignages sont là-dessus d'accord,* parle pour tous du fond de la nuit. *L'idée naît alors — et, bien plus que l'idée, la prescience, la révélation immédiate — d'un* océan intérieur *unique (on songe à l'hypothèse du « feu central » des anciens géologues),* océan qui est le même pour tous, *où baigne dans la profondeur chaque conscience, et d'où lui vient la pulsation vitale essentielle et la haute marée de la poésie — océan où il suffit de se replonger corps et biens, de se perdre, pour* approfondir la communion, *pour perdre conscience de ses frontières, pour atteindre à l'universelle révélation. Je n'en veux pour témoignage qu'une page décisive d'Aragon dans le* Traité du style — *page où l'on croit voir le mythe s'enfler et prendre corps, se dresser de toute sa véhémence, sans perdre pour autant conscience de son point d'attache.*

« Lorsque l'ouvrier qui creusait les profondeurs de la terre, fût-il dans les montagnes de la noueuse Asie, ou près de la mer Italienne, où la poussière est la plus légère, parce qu'elle est faite avec la poudre des statues, lorsque l'ouvrier entend soudain sonner étrangement l'acier de la pioche, il se penche, il interroge le lointain vertical, il croit reconnaître un chant funèbre. Il colle au fond de la fosse une oreille habituée aux romances. Quel est ce roulement perpétuel ? Un défilé monstrueux, une troupe énorme que rien ne lasse. Ample sonorité des charrois souterrains. Les nappes fuyantes des eaux cachées passent ici où tout se confond. Celui qui écoutait se relève. Il n'oubliera jamais la voix immense. Si les vicissitudes d'une vie mercenaire, les malheurs inhérents au travail, à la forme vagabonde des esclavages modernes, un jour dans quelque autre pays où les moindres détails célestes, les feuillages, les rires des ruisseaux devraient le détourner d'un souvenir ancien, le ramènent au cours de quelque percement d'isthme, de quelque forage de puits, au niveau des voûtes mystérieuses qui sonneront encore sous sa pioche avec cet accent sans pareil ; il ne s'y trompera point, il saluera la masse abyssale, l'écumante et large mer intérieure qui passe sous Paris et qui coulait sous Delphes. Seule signification du mot Au-delà, tu es dans la poésie, à ce point où s'éveille une méditerranée de rumeurs. Et entiè-rement. Je me souviens d'une cascade au fond des grottes. Quelqu'un que je connaissais, un ami nommé Robert Des-nos, parlait. Il avait retrouvé, à la faveur d'un sommeil étrange, plusieurs secrets perdus de tous. Il parlait. Mais ce qui s'appelle parler. Il parlait comme on ne parle pas. La grande mer commune se trouvait du coup dans la chambre, qui était n'importe quelle chambre avec ses ustensiles éton-nés... Il y a de cela huit années cet automne. Les eaux cachées roulent toujours profondément. »

Qu'en est-il aujourd'hui de cet espoir sans mesure, de ce gage confié dans le mystère qui va jusqu'à prêter des accents quasi religieux au texte qu'on vient de lire ? Qu'en est-il de ce lieu d'ultime réconciliation, de cette mer de la révélation et de la promesse ? Ceux qui ont surpris sa rumeur sont parmi nous, et parlent encore. Ils parlent, et ne se comprennent plus. Faut-il reprendre à notre compte le pressentiment désabusé, le détachement subit du Manifeste ?

« La voix surréaliste se taira peut-être, je n'en suis plus à compter mes disparitions. Je n'entrerai plus, si peu que ce soit, dans le décompte merveilleux de mes années et de mes jours. Je serai comme Nijinsky qu'on conduisit l'an dernier aux Ballets russes, et qui ne comprit pas à quel spectacle il assistait. Je serai seul, bien seul en moi, indifférent à tous les ballets du monde. Ce que j'ai fait, ce que je n'ai pas fait, je vous le donne. »

16

On compte en 1949, plus nombreux chaque jour autour de soi, plus désinvoltes à en prendre leur parti, ceux pour qui le sacrifice est fait. *Un subtil dégrisement reprend le pouls défait de cette soirée de fête, canalise la foule au gré le plus bas de ses humeurs — la rangée des baraques de foire s'allonge où, impérieusement, timidement, on tire le badaud par la manche, on l'invite comiquement à* entrer, *à cuver à l'écart son ivresse triste. La promesse pourra-t-elle être encore tenue ? retrouvés le lieu et la formule ? Il y va de tout du moins de le croire : il y va de* la *poésie, menacée d'éclatement, et de l'espoir que la vie en poésie n'est pas à perpétuité une vie recluse.*

Si la lecture du Poisson soluble *nous replace d'un coup au cœur de la poésie surréaliste, qui est non pas création, mais dévoilement, éclatement d'une croûte d'opacité, de « facticité » qui obture le perpétuel jaillissement intérieur, si cette poésie s'y révèle à nous avant tout comme une poésie de l'abondance, une poésie des mains pleines (que Sartre a donc raison de dénoncer dans la poésie des surréalistes une poésie de « consommateurs » impénitents — dès qu'on a spécifié que c'est de manne qu'ils se nourrissent), il serait trop naïf pourtant d'y rechercher la marque d'un anonymat poétique qui n'est pas, ou pas encore, et dont jusqu'à l'idée de ce qu'il pourrait bien être nous fait encore défaut absolument. Le minimum de prise de conscience poétique qui, à la limite, permet, ne fût-ce que matériellement, l'opération d'écrire, ou de transcrire, ne s'obtient sans doute qu'au prix* d'une élision aussi impitoyable et aussi strictement individuelle que celle qui s'exerce malgré nous dans le plus simple acte de perception. Ce qui m'intéresse dans des textes aussi peu gouvernés que ceux du Poisson soluble, c'est aussi la révélation plus ingénue qu'ailleurs d'un indice de réfraction personnel, qui signe la poésie de Breton de la seule manière qui vaille — c'est le tri automatique exercé sur la masse écumante des images par un regard qui s'éveille surtout à une certaine gamme de vibrations.

La plume qui court sur le papier hors de toute intervention volontaire participe brusquement, dirait-on, au privilège singulier des pointes, par où se décharge et se matérialise instantanément un potentiel électrique invisible : des mots lui viennent, comme la limaille à l'aimant, d'autres lui restent « mystérieusement interdits ». Une charge insoupçonnée, positive ou négative, affleure à son approche dans tous les vocables, décide de ceux qui lui sont remis, et dont elle peut tirer bon ou mauvais parti mais dans la mesure où l'on tire bon ou mauvais parti de la donne d'un jeu de cartes (en ce sens, le vrai poète est celui qui ne triche pas, qui ne tire pas de cartes de sa manche). Peu sensibles dans un texte court et isolé, il est frappant de voir ces grandes rosaces d'images élues s'étoiler en filigrane de page en page à travers l'ensemble des poèmes du Poisson soluble — les cristaux, pour reprendre un des mots qui fascinent Breton, se reformer jusqu'à satiété de la solution mère — aussi diluée, aussi secouée qu'on voudra — dans leur même forme exigeante et maniaque, leur rejet instantané de tout ce qui n'est pas leur espace et leur bien. Même dans le tapis volant — surtout dans le tapis volant — il y a des figures incrustées, indélébiles.

Dans la masse des images données, le principe de choix qui préside au tri du matériel poétique propre à Breton s'exerce invariablement au profit d'une nature singulièrement expurgée, aussi peu farouche que possible — une nature meublante et habitable, ciselée, fouillée, docile au toucher humain, à ses exigences de poli, de douceur, de netteté et de symétrie — une nature miniaturiste, foisonnante en objets délicats et fragiles, lilliputiens parfois, faciles à manier, apprivoisés à la main et à l'œil — en bijoux naturels, qui donnent au décor de bon nombre de poèmes du Poisson soluble je ne sais quelle atmosphère de bal masqué et de volière tropicale où Breton se sent visiblement chez lui. Diamants, voilettes, gants, chaussons de danseuse, éventails, aigrettes, colliers, bouquets, bagues, plumes, loups de dentelle — certains de ces poèmes (qu'on relise en particulier le treizième) semblent tout pailletés de la pluie scintillante et tendre qu'égrène autour d'elle une femme qui se dévêt. L'exigence d'un toucher tiède et duveteux choisit de préférence, parmi les étoffes, le satin et la soie, le velours, parmi les végétaux, le gazon, le liège, la cendre, parmi les minéraux la craie, qui est la roche faite duvet (« Ma femme à la nuque de craie mouillée », dira Breton dans « L'Union libre ») et son complément l'ardoise, la poussière enfin, si accueillante au doigt. La moire, la phosphorescence, l'iridescence, le halo mêlent obscurément *cette exigence du toucher à celle de la vue.* Le diamant, *l'*étoile et *le* cristal, *bijoux naturels par excellence, s'associent à l'œil et à l'*ongle *poli, à la* perle, *au* miroir *(parfois singulièrement recouvert de duvet), à la* stalactite *étincelante. Dans le règne animal, l'*oiseau *bien entendu s'installe en maître, et moins l'albatros de Baudelaire que ces pierreries volantes que sont le* ménure lyre, *la* mésange charbonnière, *le* paradisier. *Parmi les poissons, non pas le requin maldororien, mais le* scalaire, *le* poisson volant. *La* guêpe — *bijou jaune et noir* — *le* lucane *cerf-volant, l'*œuf, *le* papillon, *la* luciole, *l'*hermine, *l'*étoile de mer, *le* coquillage *(naturellement très fréquent) y composent une faune significativement orientée. Parmi les végétaux foisonnent la* fougère, *aux crosses ciselées (qui d'ailleurs « se détendent dans la chevelure des femmes »), le* colchique, *couleur de prunelles, le* gazon, *les* capucines, *dont on fait de si jolis chapeaux de fée, l'*œillet, *pareil à une lingerie féminine, la* liane et *l'*algue, *si sensiblement femmes aussi, le* champignon, *l'*aiguille de pin, *le* chardon *ciselé. La* feuille *est préférée sèche, réduite à son squelette délicat (« de très fines verreries de feuilles sèches ») par où elle rejoint la* toile d'araignée et *le* fil de la vierge. *L'eau n'est presque jamais océan, vague ou glacier, elle s'apprivoise et se féminise, elle est* neige, pluie, cascade, source *ou* fontaine *(plus belle naturellement si elle est pétrifiante), elle est plus volontiers encore* arc-en-ciel. *Extraordinairement fréquents sont les termes évocateurs de* transparence : verre, glace, gemme ou miroir, *frappante la* hantise qu'ils nous rendent sensible, la présence d'un monde perméable *à l'œil et à la main, où les parois et les cloisons ne sont qu'apparence, où les obstacles se dissolvent et où l'on passe sans effort de l'autre côté du miroir.*

Il est inutile de prolonger une énumération que je crois concluante. Elle nous persuade que Breton se meut en ima-gination, et par grande préférence, dans une nature déjà en marche vers l'homme, *ayant fait plus de la moitié du chemin à sa rencontre, et comme aspirant d'avance à lui plaire, à le refléter et à le servir, une nature dégrossie, prête pour le dernier coup de baguette de la fée. La goutte de rosée, le champignon, la coque d'œuf, l'écureuil, le fil de la vierge, l'arc-en-ciel, le coquillage, le chaton de noisetier, la capucine, la toile d'araignée : c'est très exactement au monde charmant, aux accessoires à transformation des contes de fées que nous ramènent ces objets de prédilection, comme eux saisis à cet instant et sous cet aspect déjà* parlant où « ils ne sont plus l'ombre et ne sont pas encore la proie » *où ils s'ap-privoisent, où l'homme va les* comprendre, *briser la der-nière coquille enchantée et les rendre à leur ultime et édénique destination. Ils nous sont garants d'ailleurs du goût symétrique qui pousse Breton vers les salles à manger de Chirico, aux meubles déménagés sans façon sur la mon-tagne, vers le salon de Rimbaud, descendu au fond d'un lac (Breton a à peine évoqué le mot dans* Nadja *qu'il prolonge avec complaisance la vision dans le style, si peu rimbaldien d'ailleurs, qui est celui même des contes de fées* « ... avec ses lustres d'herbe, ses toilettes de reflets »). *N'est-ce pas d'ailleurs jusqu'à l'allure même du conte de fées que nous restitue, tout à coup, de la façon la plus spontanée, tel passage détaché du* Poisson soluble *?*

« *Elle jeta sur ses épaules un manteau de petit gris et s'étant chaussée de deux peaux de souris, elle descendit l'escalier de la liberté qui conduisait à l'illusion du jamais vu. Les gardes la laissèrent passer : c'étaient d'ailleurs des plantes vertes que retenait au bord de l'eau une fiévreuse partie de cartes.* »

Il ne s'agit pas bien entendu de soupçonner Breton de récrire Peau d'Âne. « *Le tissu des invraisemblances adorables demande à être un peu plus fin, avertit le* Manifeste, *à mesure qu'on avance.* » *Mais il s'agit d'éclairer par une analogie remarquable la démarche instinctive qui oriente à peu près constamment la pensée poétique de Breton. Cette pensée va dans le sens d'un rêve de félicité réconciliatrice et édénique ; bien loin de hérisser à chaque instant autour de lui (comme c'est le cas sur des plans très différents pour Sartre et surtout pour Michaux, qui va, dans le sens diamétralement opposé, jusqu'à dissoudre l'homme dans l'impénétrable nature, jusqu'à* l'aliéner complètement *à son profit, sous la figure par exemple de l'homme en pot, de l'homme en espalier), bien loin de réarmer la formidable étrangeté du monde, elle sollicite les choses vers l'homme, les apprivoise, les baigne d'avance d'une espèce de vouloir-être humain. Et la médiatrice naturelle, celle dont la fonction par excellence est de rapprocher les choses de l'homme, de se dissoudre dans ce rapprochement même,* réalisé (« Je suis, tout en étant près d'elle, dira Breton de Nadja, plus près des choses qui sont près d'elle »), *c'est bien entendu la femme. La femme (si remarquablement absente chez Michaux), la femme-fée, la femme* naturellement *fée, celle que Breton nommera plus tard en clair Viviane ou Mélusine, est partout présente avec ses attributs essentiels dans les poèmes du* Poisson soluble, *non seulement sous la forme ordonnatrice du personnage — ou de la nébuleuse de personnage — autour duquel finit par prendre corps « l'histoire » qu'ils ébauchent toujours plus ou moins, mais, de façon plus significative encore, on l'a vu, par l'aimantation indiscutablement féminine qui se trahit dans le tri inconscient des objets ou des symboles qui s'y trouvent rassemblés. Ce que Breton veut* voir *— j'entends de ses yeux profonds — c'est cette part avant tout des choses qui, à en juger au moins de façon supérieure, poétique, ne refuse pas d'être rachetée, vient à nous dans cet au-delà de la présence féminine qui nous apporte le monde. Ce que répètent en clair jusqu'à satiété* Nadja, L'Amour fou, Arcane 17, *les poèmes du* Poisson soluble *le disent à mots à peine couverts : ils témoignent de l'accord parfait, dans toute l'étendue de la gamme du clair à l'obscur, d'un écrivain qui n'a pas à se soucier de mettre sa pensée d'accord avec ses rêves.*

Julien Gracq
1950

Poisson soluble

I

Le parc, à cette heure, étendait ses mains blondes au-dessus de la fontaine magique. Un château sans signification roulait à la surface de la terre. Près de Dieu le cahier de ce château était ouvert sur un dessin d'ombres, de plumes, d'iris. Au Baiser de la jeune Veuve, c'était le nom de l'auberge caressée par la vitesse de l'automobile et par les suspensions d'herbes horizontales. Aussi jamais les branches datées de l'année précédente ne remuaient à l'approche des stores, quand la lumière précipite les femmes au balcon. La jeune Irlandaise troublée par les jérémiades du vent d'est écoutait dans son sein rire les oiseaux de mer.

« Filles du sépulcre bleu, jours de fête, formes sonnées de l'angélus de mes yeux et de ma tête quand je m'éveille, usages des provinces flammées, vous m'apportez le soleil des menuiseries blanches, des scieries mécaniques et du vin. C'est mon ange pâle, mes mains si rassurées. Mouettes du paradis perdu ! »

Le fantôme entre sur la pointe des pieds. Il inspecte rapidement la tour et descend l'escalier triangulaire. Ses bas de soie rouge jettent une lueur tournoyante sur les coteaux de jonc. Le fantôme a environ deux cents ans, il parle encore un peu français. Mais dans sa chair transparente se conjuguent la rosée du soir et la sueur des astres. Il est perdu pour lui-même en cette contrée attendrie. L'orme mort et le très vert catalpa sont seuls à soupirer dans l'avalanche de lait des étoiles farouches. Un noyau éclate dans un fruit. Puis le poisson-nacelle passe, les mains sur ses yeux, demandant des perles ou des robes.

Une femme chante à la fenêtre de ce château du quatorzième siècle. Dans ses rêves il y a des noyers noirs. Je ne la connais pas encore parce que le fantôme fait trop le beau temps autour de lui. La nuit est venue tout d'un coup comme une grande rosace de fleurs retournée sur nos têtes.

Un bâtiment est la cloche de nos fuites : la fuite à cinq heures du matin, lorsque la pâleur assaille les belles voyageuses du rapide dans leur lit de fougère, la fuite à une heure de l'après-midi en passant par l'olive du meurtre. Un bâtiment est la cloche de nos fuites dans une église pareille à l'ombre de Madame de Pompadour. Mais je sonnais à la grille du château.

À ma rencontre vinrent plusieurs servantes vêtues d'une combinaison collante de satin couleur du jour. Dans la nuit démente, leurs visages apitoyés témoignaient de la peur d'être compromises. « Vous désirez ?

— Dites à votre maîtresse que le bord de son lit est une rivière de fleurs. Ramenez-la dans ce caveau de théâtre où battait à l'envi, il y a trois ans, le cœur d'une capitale que j'ai oubliée. Dites-lui que son temps m'est précieux et que dans le chandelier de ma tête flambent toutes ses rêveries. N'oubliez pas de lui faire part de mes désirs couvant sous les pierres que vous êtes. Et toi qui es plus belle qu'une graine de soleil dans le bec du perroquet éblouissant de cette porte, dis-moi tout de suite comment elle se porte. S'il est vrai que le pont-levis des lierres de la parole s'abaisse ici sur un simple appel d'étrier.

— Tu as raison, me dit-elle, l'ombre ici présente est sortie tantôt à cheval. Les guides étaient faites de mots d'amour, je crois, mais puisque les naseaux du brouillard et les sachets d'azur t'ont conduit à cette porte éternellement battante, entre et caresse-moi tout le long de ces marches semées de pensées. »

De bas en haut s'envolaient de grandes guêpes isocèles. La jolie aurore du soir me précédait, les yeux au ciel de mes yeux sans se retourner. Ainsi les navires se couchent dans la tempête d'argent.

Plusieurs échos se répondent sur terre : l'écho des pluies comme le bouchon d'une ligne, l'écho du soleil comme la soude mêlée au sable. L'écho présent est celui des larmes, et de la beauté propre aux aventures illisibles, aux rêves tronqués. Nous arrivions à destination. Le fantôme qui, en chemin, s'était avisé de faire corps avec saint Denis, prétendait voir dans chaque rose sa tête coupée. Un balbutiement collé aux vitres et à la rampe, balbutiement froid, se joignait à nos baisers sans retenue.

Sur le bord des nuages se tient une femme, sur le bord des îles une femme se tient comme sur les hauts murs décorés de vigne étincelante le raisin mûrit, à belles grappes dorées et noires. Il y a aussi le plant de vigne américain et cette femme était un plant de vigne américain, de l'espèce la plus récemment acclimatée en France et qui donne des grains de ce mauve digitale dont la pleine saveur n'a pas encore été éprouvée. Elle allait et venait dans un appartement couloir analogue aux wagons couloirs des grands express européens, à cette différence près que le rayonnement des lampes spécifiait mal les coulées de lave, les minarets et la grande paresse des bêtes de l'air et de l'eau. Je toussai plusieurs fois et le train en question glissa à travers des tunnels, endormit des ponts suspendus. La divinité du lieu chancela. L'ayant reçue dans mes bras, toute bruissante, je portai mes lèvres à sa gorge sans mot dire. Ce qui se passe ensuite m'échappe presque entièrement. Je ne nous retrouve que plus tard, elle dans une toilette terriblement vive qui la fait ressembler à un engrenage dans une machine toute neuve, moi terré autant que possible dans cet habit noir impeccable que depuis je ne quitte plus.

J'ai dû passer, entre-temps, par un cabaret tenu par des ligueurs très anciens que mon état civil plongea dans une perplexité d'oiseaux. Je me souviens aussi d'une grue élevant au ciel des paquets qui devaient être des cheveux, avec quelle effrayante légèreté, mon Dieu. Puis ce fut l'avenir, l'avenir même. L'Enfant-Flamme, la merveilleuse Vague de tout à l'heure guidait mes pas comme des guirlandes. Les craquelures du ciel me réveillèrent enfin : il n'y avait plus de parc, plus de jour ni de nuit, plus d'enterrements blancs menés par des cerceaux de verre. La femme qui se tenait près de moi mirait ses pieds dans une flaque d'eau d'hiver.

À distance je ne vois plus clair, c'est comme si une cascade s'interposait entre le théâtre de ma vie et moi qui n'en suis pas le principal acteur. Un bourdonnement chéri m'accompagne, le long duquel les herbes jaunissent et même cassent. Quand je lui dis : « Prends ce verre fumé qui est ma main dans tes mains, voici l'éclipse », elle sourit et plonge dans les mers pour en ramener la branche de corail du sang. Nous ne sommes pas loin du pré de la mort et pourtant nous nous abritons du vent et de l'espoir dans ce salon flétri. L'aimer, j'y ai songé comme on aime. Mais la moitié d'un citron vert, ses cheveux de rame, l'étourderie des pièges à prendre les bêtes vivantes, je n'ai pu m'en défaire complètement. À présent elle dort, face à l'infini de mes amours, devant cette glace que les souffles terrestres ternissent. C'est quand elle dort qu'elle m'appartient vraiment, j'entre dans son rêve comme un voleur et je la perds vraiment comme on perd une couronne. Je suis dépossédé des racines de l'or, assurément, mais je tiens les fils de la tempête et je garde les cachets de cire du crime.

Le moindre ourlet des airs, là où fuit et meurt le faisan de la lune, là où erre le peigne éblouissant des cachots, là où trempe la jacinthe du mal, je l'ai décrit dans mes moments de lucidité de plus en plus rare, soulevant trop tendrement cette brume lointaine. Maintenant c'est la douceur qui reprend, le boulevard pareil à un marais salant sous les enseignes lumineuses. Je rapporte des fruits sauvages, des baies ensoleillées que je lui donne et qui sont entre ses mains des bijoux immenses. Il faut encore éveiller les frissons dans les broussailles de la chambre, lacer des ruisseaux dans la fenêtre du jour. Cette tâche est l'apothéose amusante de tout, qui, bien qu'on soit assez fatigué, nous tient encore en éveil, homme et femme, selon les itinéraires de la lumière dès qu'on a su la ralentir. Servantes de la faiblesse, servantes du bonheur, les femmes abusent de la lumière dans un éclat de rire.

2

Moins de temps qu'il n'en faut pour le dire, moins de larmes qu'il n'en faut pour mourir : j'ai tout compté, voilà. J'ai fait le recensement des pierres ; elles sont au nombre de mes doigts et de quelques autres ; j'ai distribué des prospectus aux plantes, mais toutes n'ont pas voulu les accepter. Avec la musique j'ai lié partie pour une seconde seulement et maintenant je ne sais plus que penser du suicide car, si je veux me séparer de moi-même, la sortie est de ce côté et, j'ajoute malicieusement : l'entrée, la rentrée de cet autre côté. Tu vois ce qu'il te reste à faire. Les heures, le chagrin, je n'en tiens pas un compte raisonnable ; je suis seul, je regarde par la fenêtre ; il ne passe personne, ou plutôt personne ne *passe* (je souligne passe). Ce Monsieur, vous ne le connaissez pas ? c'est Monsieur Lemême. Je vous présente Madame Madame. Et leurs enfants. Puis je reviens sur mes pas, mes pas reviennent aussi mais je ne sais pas exactement sur quoi ils reviennent. Je consulte un horaire ; les noms de villes ont été remplacés par des noms de personnes qui m'ont touché d'assez près. Irai-je à A, retournerai-je à B, changerai-je à X ? Oui, naturellement, je changerai à X. Pourvu que je ne manque pas la correspondance avec l'ennui ! Nous y sommes : l'ennui, les belles parallèles, ah ! que les parallèles sont belles sous la perpendiculaire de Dieu.

3

En ce temps-là, il n'était question tout autour de la place de la Bastille que d'une énorme guêpe qui le matin descendait le boulevard Richard-Lenoir en chantant à tue-tête et posait des énigmes aux enfants. Le petit sphinx moderne avait déjà fait pas mal de victimes quand, sortant du café au fronton duquel on a cru bon de faire figurer un canon, quoique la Prison qui s'élevait en ces lieux puisse passer aujourd'hui pour une construction légendaire, je rencontrai la guêpe à la taille de jolie femme qui me demanda son chemin.

« Mon Dieu, ma belle, lui dis-je, ce n'est pas à moi de tailler ton bâton de rouge. L'ardoise du ciel vient justement d'être effacée et tu sais que les miracles ne sont plus que de demi-saison. Rentre chez toi, tu habites au troisième étage d'un immeuble de bonne apparence et, quoique tes fenêtres donnent sur la cour, tu trouveras peut-être moyen de ne plus m'importuner. »

Le bourdonnement de l'insecte, insupportable comme une congestion pulmonaire, couvrait à ce moment le bruit des tramways, dont le trolley était une libellule. La guêpe, après m'avoir regardé longuement, dans le but, sans doute, de me témoigner son ironique surprise, s'approcha alors de moi et me dit à l'oreille : « Je reviens. » Elle disparut en effet et j'étais déjà enchanté d'en être quitte avec elle à si bon compte quand je m'aperçus que le Génie de la place, d'ordinaire fort éveillé, semblait pris de vertige et sur le point de se laisser choir sur les passants. Ce ne pouvait être de ma part qu'une hallucination due à la grande chaleur : le soleil me gênait d'ailleurs pour conclure à une soudaine transmission des pouvoirs naturels car il était pareil à une longue feuille de tremble et je n'avais qu'à fermer les yeux pour entendre chanter les poussières.

La guêpe, dont l'approche m'avait néanmoins plongé dans un grand malaise (il était à nouveau question depuis quelques jours des exploits de piqueurs mystérieux qui ne respectaient ni la fraîcheur du métropolitain ni les solitudes des bois), la guêpe n'avait pas cessé complètement de se faire entendre.

Non loin de là, la Seine charriait de façon inexplicable un torse de femme adorablement poli bien qu'il fût dépourvu de tête et de membres et quelques voyous qui avaient signalé depuis peu son apparition affirmaient que ce torse était un corps intact, mais un nouveau corps, un corps comme on n'en avait assurément jamais vu, jamais caressé. La police, sur les dents, s'était émue mais comme la barque lancée à la poursuite de l'Ève nouvelle n'était jamais revenue, on avait renoncé à une seconde expédition plus coûteuse et il avait été admis sans caution que les beaux seins blancs et palpitants n'avaient jamais appartenu à une créature vivante de l'espèce de celles qui hantent encore nos désirs. Elle était au-delà de nos désirs, à la façon des flammes et elle était en quelque sorte le premier jour de la saison féminine de la flamme, un seul 21 mars de neige et de perles.

4

Les oiseaux perdent leur forme après leurs cou-
leurs. Ils sont réduits à une existence arachnéenne si
trompeuse que je jette mes gants au loin. Mes gants
jaunes à baguettes noires tombent sur une plaine
dominée par un clocher fragile. Je croise alors les
bras et je guette. Je guette les rires qui sortent de la
terre et fleurissent aussitôt, ombelles. La nuit est
venue, pareille à un saut de carpe à la surface d'une
eau violette et les étranges lauriers s'entrelacent au
ciel qui descend de la mer. On lie un fagot de
branches enflammées dans le bois et la femme ou la
fée qui le charge sur ses épaules paraît voler mainte-
nant, alors que les étoiles couleur champagne s'im-
mobilisent. La pluie commence à tomber, c'est une
grâce éternelle et elle comporte les plus tendres
reflets. Dans une seule goutte il y a le passage d'un
pont jaune par des roulottes lilas, dans une autre qui
la dépasse sont une vie légère et des crimes d'au-

berge. Au sud, dans une anse, l'amour secoue ses cheveux remplis d'ombre et c'est un bateau propice qui circule sur les toits. Mais les anneaux d'eau se brisent un à un et sur la haute liasse des paysages nocturnes se pose l'aurore d'un doigt. La prostituée commence son chant plus détourné qu'un ruisseau frais au pays de l'Aile clouée mais ce n'est malgré tout qu'absence. Un vrai lis élevé à la gloire des astres défait les cuisses de la combustion qui s'éveille et le groupe qu'ils forment s'en va à la découverte du rivage. Mais l'âme de l'autre femme se couvre de plumes blanches qui l'éventent doucement. La vérité s'appuie sur les joncs mathématiques de l'infini et tout s'avance à l'ordre de l'aigle en croupe, tandis que le génie des flottilles végétales frappe dans ses mains et que l'oracle est rendu par des poissons électriques fluides.

5

Le camée Léon venait de prendre la parole. Il balançait devant moi son petit plumeau en me parlant à la quatrième personne comme il sied à un valet de son espèce nuageuse. Avec tout l'enjouement dont je suis capable je lui objectai successivement le vacarme, l'idiotie parfaite des étages supérieurs et la cage de l'ascenseur qui présentait aux nouveaux venus une grande seiche de lumière. Les derniers entrants, une femme et un homme de la navigation amoureuse, désiraient parler à Madame de Rosen. C'est ce que le camée Léon vint me dire, lorsque la sonnette retentit et que le *brillantin* se mit à glisser. De mon lit je n'apercevais que la veilleuse énorme de l'hôtel battant dans la rue comme un cœur; sur l'une des artères était écrit le mot : central, sur une autre le mot : froid, — froid de lion, froid de canard ou froid de bébé ? Mais le camée Léon frappait de nouveau à ma porte. De son gilet aux vibrations déterminées jusqu'à la racine de ses moustaches le soleil achevait de décharger ses rondins. Il prononçait des paroles imprudentes, voulant absolument m'ennuyer. J'étais alors terrorisé par la douceur et le contrat de vigilance qu'avaient voulu me faire signer les amours du pied de table. Le grand épauleur de lumières me demandait de lui indiquer la route de l'immortalité. Je lui rappelai la fameuse séance de l'imprimerie, alors que descendant l'escalier de coquillages, j'avais pris l'ignorance par la manche comme une vulgaire petite dactylo. Si je l'avais écouté, le camée Léon serait allé éveiller Madame de Rosen. Il pouvait être quatre heures du matin, l'heure où le brouillard embrasse les salles à manger à brise-bise orangé, la tempête faisait rage à l'intérieur des maisons. La fin était venue avec les voitures de laitiers, tintinnabulante dans les corridors de laurier du jour maussade. À la première alerte, je m'étais réfugié dans le cuirassier de pierre, où personne ne pouvait me découvrir. Usant de mes dernières ressources, comme lorsqu'on abandonne aux liserons une machine agricole, je fermais les yeux pour épier ou pour expier. Madame de Rosen dormait toujours et ses boucles lilas sur l'oreiller, dans la direction de Romainville, n'étaient plus que des fumées de chemin de fer lointaines. Le camée Léon, il me suffisait de le fasciner pour qu'il prît les fenêtres béantes par les ouïes et allât les vendre à la criée. Le jour n'entrait qu'à peine sous la forme d'une petite fille qui frappe à la porte de votre chambre : vous allez ouvrir et, regardant devant vous, vous vous étonnez d'abord de ne voir personne. Nous serions bientôt, Madame de Rosen et moi, prisonniers des plus agréables murmures. Léon changeait l'eau des magnolias. Cette prunelle qui se dilate lentement à la surface du meurtre, prunelle de licorne ou de griffon, m'engageait à me passer de ses services. Car je ne devais plus revoir Madame de Rosen et le jour même, profitant d'une suspension de séance pour me rafraîchir, — cette nuit-là grand débat à la chambre des lords — je brisai sur une marche la tête du camée qui me venait de l'impératrice Julie et qui fit les délices de la belle unijambiste des boulevards, à l'ombrelle de corbeaux.

6

La terre, sous mes pieds, n'est qu'un immense journal déplié. Parfois une photographie passe, c'est une curiosité quelconque et des fleurs monte uniformément l'odeur, la bonne odeur de l'encre d'imprimerie. J'ai entendu dire dans ma jeunesse que l'odeur du pain chaud est insupportable aux malades mais je répète que les fleurs sentent l'encre d'imprimerie. Les arbres eux-mêmes ne sont que des faits divers plus ou moins intéressants : un incendiaire ici, un déraillement là. Quant aux animaux il y a longtemps qu'ils se sont retirés du commerce des hommes ; les femmes n'entretiennent plus avec ces derniers que des relations épisodiques, pareilles à ces vitrines de magasin de grand matin, quand le chef étalagiste sort dans la rue pour juger de l'effet des vagues de ruban, des glissières, des clins d'œil de mannequins enjôleurs.

La plus grande partie de ce journal que je parcours à proprement parler est consacrée aux déplacements et villégiatures, dont la rubrique figure en bonne place au haut de la première page. Il y est dit, notamment, que je me rendrai demain à Chypre.

Le journal présente, au bas de la quatrième page, une pliure singulière que je peux caractériser comme suit : on dirait qu'elle a recouvert un objet métallique, à en juger par une tache rouillée qui pourrait être une forêt, et cet objet métallique serait une arme de forme inconnue, tenant de l'aurore et d'un grand lit Empire. L'écrivain qui signe la rubrique de la mode, aux environs de la forêt susdite, parle un langage fort obscur dans lequel je crois, pourtant, pouvoir démêler que le déshabillé de la jeune mariée se commandera cette saison à la Compagnie des Perdrix, nouveau grand magasin qui vient de s'ouvrir dans le quartier de la Glacière. L'auteur, qui paraît s'intéresser tout particulièrement au trousseau des jeunes femmes, insiste sur la faculté laissée à ces dernières de changer leur linge de corps pour du linge d'âme, en cas de divorce.

Je passe à la lecture de quelques annonces-réclames fort bien rédigées celles-ci et dans lesquelles la contradiction joue un rôle vivace : elle a vraiment servi de buvard à bascule dans ce bureau de publicité. La lumière, d'ailleurs fort chiche, qui tombe sur les caractères les plus gras, cette lumière même est chantée par de grands poètes avec un luxe de détails qui ne permet plus d'en juger autrement que par analogie avec les cheveux blancs, par exemple.

Il y a aussi une remarquable vue du ciel, tout à fait à la manière de ces en-tête de lettres de commerce représentant une fabrique, toutes cheminées fumant.

Enfin, la politique, fort sacrifiée à ce qu'il me semble, tend surtout à régler les bons échanges entre hommes de différents métaux, au premier rang desquels arrivent les hommes de calcium. Dans le compte rendu des séances à la chambre, simple comme un procès-verbal de chimie, on s'est montré plus que partial : c'est ainsi que les mouvements d'ailes n'ont pas été enregistrés.

Qu'importe, puisque les pas qui m'ont conduit à ce rivage désolé m'entraîneront une autre fois plus loin, plus désespérément loin encore ! Il ne me reste plus qu'à fermer les yeux si je ne veux pas accorder mon attention, machinale et par suite si défavorable, au Grand Éveil de l'Univers.

7

Si les placards resplendissants livraient leur secret,
nous serions à jamais perdus pour nous-mêmes, che-
valiers de cette table de marbre blanc à laquelle nous
prenons place chaque soir. Le sonore appartement !
Le parquet est une pédale immense. Les coups de
foudre bouleversent de temps à autre la splendide
argenterie, du temps des Incas. On dispose d'une
grande variété de crimes passionnels indéfiniment
capables d'émouvoir les Amis de la Variante. C'est le
nom que nous nous donnons parfois, les yeux dans
les yeux, à la fin d'une de ces après-midi où nous ne
trouvons plus rien à nous partager. Le nombre de
portes dérobées en nous-mêmes nous entretient dans
les plus favorables dispositions mais l'alerte n'est que
rarement donnée. On joue aussi, à des adresses et à
des forces suivant les cas. Pendant que nous dormons,
la reine des volontés, au collier d'étoiles éteintes, se
mêle de choisir la couleur du temps. Aussi les rares

états intermédiaires de la vie prennent-ils une importance sans égale. Voyez-moi ces merveilleux cavaliers. De très loin, de si haut, de là où l'on n'est pas sûr de revenir, ils lancent le merveilleux lasso fait de deux bras de femme. Alors les planches qui flottaient sur la rivière basculent et avec elles les lumières du salon (car le salon central repose tout entier sur une rivière) ; les meubles sont suspendus au plafond : quand on lève la tête on découvre les grands parterres qui n'en sont plus et les oiseaux tenant comme d'ordinaire leur rôle entre sol et ciel. Les *parciels* se reflètent légèrement dans la rivière où se désaltèrent les oiseaux.

Nous n'entrons guère dans cette pièce qu'habillés de scaphandres de verre qui nous permettent, au gré des planches basculantes, de nous réunir, quand il est nécessaire, au fond de l'eau. C'est là que nous passons les meilleurs moments. On imagine mal le nombre de femmes glissant dans ces profondeurs, nos invitées changeantes. Elles sont, elles aussi, vêtues de verre, naturellement ; quelques-unes joignent à cet accoutrement monotone un ou deux attributs plus gais : copeaux de bois en garniture de chapeau, voilettes de toile d'araignée, gants et ombrelle tournesol. Le vertige les mène, elles ne se retournent guère sur nous mais nous frappons le sol du sabot de notre cheval chaque fois que nous voulons signifier à telle ou telle que nous serions aise de la remonter à la surface. De la foulée s'échappent alors une nuée de poissons volants qui montrent le chemin aux belles imprudentes. Il y a une chambre aquatique construite sur le modèle d'un sous-sol de banque, avec ses lits blindés, ses coiffeuses innovation où la tête est vue droite, renversée, couchée sur l'horizontale droite ou gauche. Il y a une fumerie aquatique, de construction particulièrement savante, qui est limitée dans l'eau par des ombres chinoises qu'on a trouvé le moyen de projeter sans écran apparent, ombre de mains cueillant en se piquant d'horribles fleurs, ombre de bêtes charmantes et redoutables, ombre d'idées aussi, sans parler de l'ombre du merveilleux que personne n'a jamais vue.

Nous sommes les prisonniers de l'orgie mécanique qui se poursuit dans la terre, car nous avons creusé des mines, des souterrains par lesquels nous nous introduisons en bande sous les villes que nous voulons faire sauter. Nous tenons déjà la Sicile, la Sardaigne. Les secousses qu'enregistrent ces appareils délicieusement sensibles, c'est nous qui les provoquons à plaisir. Je n'ai pas besoin d'ajouter qu'il y a un an, certains d'entre nous approchaient de la mer de Corée. Les grandes chaînes limitrophes nous obligent seules à quelques détours mais le retard ne sera pas si grand, malgré tout. C'est qu'il s'agit de vivre où la vie est encore capable de provoquer la convulsion ou la conversion générale sans avoir recours à autre chose qu'à la reproduction des phénomènes naturels. L'aurore boréale en chambre, voilà un pas de fait ; ce n'est pas tout. L'amour sera. Nous réduirons l'art à sa plus simple expression qui est l'amour ; nous réduirons aussi le travail, à quoi, mon Dieu ? À la musique des corrections lentes qui se payent de mort. Nous saluerons les naissances, pour voir, avec cet air de circonstance que nous prenons au passage des enterrements. Toutes les naissances. La lumière suivra ; le jour fera amende honorable, pieds nus, la corde des étoiles au cou, en chemise verte. Je vous jure que nous saurons rendre l'injustice sous un roseau invisible, nous les derniers rois. Pour l'instant nous amenons à grands frais au fond des eaux les machines qui ont cessé de servir, et aussi quelques autres qui commençaient à servir, et c'est un plaisir que de voir la vase paralyser voluptueusement ce qui fonctionnait si bien. Nous sommes les créateurs d'épaves ; il n'est rien dans notre esprit qu'on arrivera à renflouer. Nous prenons place au poste de commandement aquatique de ces ballons, de ces mauvais navires construits sur le principe du levier, du treuil et du plan incliné. Nous actionnons ceci ou cela, pour nous assurer que tout est perdu, que cette boussole est enfin contrainte de prononcer le mot : Sud, et nous rions sous cape de la grande destruction immatérielle en marche.

Un jour pourtant, nous avons ramené de nos expéditions une bague qui sautait de doigt en doigt ; le danger de la bague ne nous apparut que longtemps après. La bague nous fit beaucoup de mal, avant ce jour où nous la rejetâmes précipitamment. En l'air elle décrivit avant de s'engloutir une aveuglante spirale de feu, d'un blanc qui nous brûla. Mais l'ignorance où nous sommes restés relativement à ses intentions précises nous permet de passer outre, je le pense, du moins. Nous ne l'avons, d'ailleurs, jamais revue. Cherchons-la encore, si vous voulez.

Me voici dans les corridors du palais, tout le monde dort. Le vert de gris et la rouille, est-ce bien la chanson des sirènes ?

8

Sur la montagne Sainte-Geneviève il existe un large abreuvoir où viennent se rafraîchir à la nuit tombée tout ce que Paris compte encore de bêtes troublantes, de plantes à surprises. Vous le croiriez desséché si, en examinant les choses de plus près, vous ne voyiez glisser capricieusement sur la pierre un petit filet rouge que rien ne peut tarir. Quel sang précieux continue donc à couler en cet endroit que les plumes, les duvets, les poils blancs, les feuilles déchlorophyllées qu'il longe détournent de son but apparent ? Quelle princesse de sang royal se consacre ainsi après sa disparition à l'entretien de ce qu'il y a de plus souverainement tendre dans la faune et la flore de ce pays ? Quelle sainte au tablier de roses a fait couler cet extrait divin dans les veines de la pierre ? Chaque soir le merveilleux moulage plus beau qu'un sein s'ouvre à des lèvres nouvelles et la vertu désaltérante du sang de rose se communique à tout le ciel environnant, pendant que sur une borne grelotte un jeune enfant qui compte les étoiles ; tout à l'heure il reconduira son troupeau aux crins millé-naires, depuis le sagittaire ou flèche d'eau qui a trois mains, l'une pour extraire, l'autre pour caresser, l'autre pour ombrager ou pour diriger, depuis le sagittaire de mes jours jusqu'au chien d'Alsace qui a un œil bleu et un œil jaune, le chien des anaglyphes de mes rêves, le fidèle compagnon des marées.

9

Sale nuit, nuit de fleurs, nuit de râles, nuit capi-
teuse, nuit sourde dont la main est un cerf-volant
abject retenu par des fils de tous côtés, des fils noirs,
des fils honteux ! Campagne d'os blancs et rouges,
qu'as-tu fait de tes arbres immondes, de ta candeur
arborescente, de ta fidélité qui était une bourse aux
perles serrées, avec des fleurs, des inscriptions comme
ci comme ça, des significations à tout prendre ? Et
toi, bandit, bandit, ah tu me tues, bandit de l'eau qui
effeuilles tes couteaux dans mes yeux, tu n'as donc
pitié de rien, eau rayonnante, eau lustrale que je ché-
ris ! Mes imprécations vous poursuivront longtemps
comme une enfant·jolie à faire peur qui agite dans
votre direction son balai de genêt. Au bout de chaque
branche il y a une étoile et ce n'est pas assez, non,
chicorée de la Vierge. Je ne veux plus vous voir, je
veux cribler de petits plombs vos oiseaux qui ne sont
même plus des feuilles, je veux vous chasser de ma

porte, cœurs à pépins, cervelles d'amour. Assez de crocodiles là-bas, assez de dents de crocodile sur les cuirasses de guerriers samouraïs, assez de jets d'encre enfin, et des renégats partout, des renégats à manchettes pourpres, des renégats à œil de cassis, à cheveux de poule ! C'est fini, je ne cacherai plus ma honte, je ne serai plus calmé par rien, par moins que rien. Et si les volants sont grands comme des maisons, comment voulez-vous que nous jouions, que nous entretenions notre vermine, que nous placions nos mains sur les lèvres des coquilles qui parlent sans cesse (ces coquilles, qui les fera taire, enfin ?). Plus de souffles, plus de sang, plus d'âme mais des mains pour pétrir l'air, pour dorer une seule fois le pain de l'air, pour faire claquer la grande gomme des drapeaux qui dorment, des mains solaires, enfin, des mains gelées !

10

À travers les parois d'une caisse solidement clouée, un homme passe lentement un bras, puis l'autre, et jamais les deux à la fois. Puis la caisse dévale le long des côtes, le bras n'est plus, et l'homme, où est-il ? Où est l'homme, interrogent les grands foulards des ruisseaux ; où est l'homme, reprennent les bottines du soir ? Et la caisse heurte tour à tour les arbres qui lui font un grand soleil bleu durant quelques heures, quand un taureau plus courageux que les autres, ou un rocher, ne tente pas de la défoncer. Une remarque curieuse : sur la paroi de la caisse Haut et Bas n'existent pas et l'on m'a affirmé qu'un berger, où l'on se serait attendu à lire Fragile, a lu Paul et Virginie. Oui, Paul et Virginie, point et virgule. Tout d'abord je n'en voulais pas croire mes oreilles comme lorsque une belle chenille traverse la route en regardant à gauche et à droite. C'est au premier étage d'un hôtel misérable que je retrouvai la caisse à la poursuite de laquelle j'étais parti un jour, n'ayant pour me guider que les cachets inimitables qu'imprime l'audace sur les événements auxquels le merveilleux est mêlé.

La caisse se tenait droite sur sa base dans un angle obscur du palier, parmi des cerceaux de fer et des têtes de harengs. Elle paraissait avoir un peu souffert, ce qui est bien naturel, pas assez toutefois pour que je ne désirasse la ramener à la lumière. Phosphorescente comme elle l'était, je ne pouvais songer à l'embarquer, les autres bagages eussent appelé à leur secours les mousses et peut-être même ces sauterelles de mer dont le trajet sous l'eau est rigoureusement égal au trajet dans l'air et dont les ailes pétillent lorsqu'on les prend dans la main. Je chargeai Paul et Virginie sur mes épaules. Aussitôt un terrible orage éclata. L'intérieur des placards demeurait seul visible dans les maisons : dans les uns il y avait des jeunes filles mortes, dans d'autres s'enroulait sur elle-même une forme blanche pareille à un sac deux fois trop haut, dans d'autres encore une lampe de chair, mais vraiment de chair, s'allumait. Loin de m'abriter les yeux de mon avant-bras, j'étais occupé à nouer de mes lèvres un bouquet de serments que deux jours plus tard je voulais trahir.

La caisse ne contenait que de l'amidon. Paul et Virginie étaient deux formes de cristallisation de cette substance, que je ne devais plus revoir, l'amour m'ayant repris à cette époque et conduit à d'autres débordements que j'aurai plaisir de vous conter.

La place du Porte-Manteau, toutes fenêtres ouvertes ce matin, est sillonnée par les taxis à drapeau vert et les voitures de maîtres. De belles inscriptions en lettres d'argent répandent à tous les étages les noms des banquiers, des coureurs célèbres. Au centre de la place, le Porte-Manteau lui-même, un rouleau de papier à la main, semble indiquer à son cheval la route où jadis ont foncé les oiseaux de paradis apparus un soir sur Paris. Le cheval, dont la crinière blanche traîne à terre, se cabre avec toute la majesté désirable et dans son ombre ricochent les petites lumières tournantes en dépit du grand jour. Des fûts sont éventrés sur le côté gauche de la place ; les ramures des arbres y plongent par instants pour se redresser ensuite couvertes de bourgeons de cristal et de guêpes démesurément longues. Les fenêtres de la place ressemblent à des rondelles de citron, tant par leur forme circulaire, dite œil-de-bœuf, que par leurs perpétuelles vaporisations de femmes en déshabillé. L'une d'elles se penche sur la visibilité des coquilles inférieures, les ruines d'un escalier qui s'enfonce dans le sol, l'escalier qu'a pris un jour le miracle. Elle palpe longuement les parois des rêves, comme une gerbe de feu d'artifice qui s'élève au-dessus d'un jardin. Dans une vitrine, la coque d'un superbe paquebot blanc, dont l'avant, gravement endommagé, est en proie à des fourmis d'une espèce inconnue. Tous les hommes sont en noir mais ils portent l'uniforme des garçons de recette, à cette différence près que la serviette à chaîne traditionnelle est remplacée par un écran ou par un miroir noir. Sur la place du Porte-Manteau ont lieu des viols et la disparition s'y est fait construire une guérite à claire-voie pour l'été.

Un journal s'était fait une spécialité de la publication des résultats d'opérations psychiques encore inédites et sur l'opportunité desquelles les avis différaient, d'ailleurs, complètement. C'est ainsi qu'il s'avisa d'adresser un de ses meilleurs reporters au grand maître de la spéculation meurtrière, à seule fin de connaître l'opinion de l'illustre praticien sur la réforme, depuis longtemps envisagée, de l'appareil de la mort, particulièrement en ce qui concerne le cortège de la mort violente, qu'il n'est pas très moral de ne pouvoir distinguer du cortège de la mort forcée.

Le journaliste s'introduisit non sans peine dans le laboratoire du savant, grâce à ses accointances avec une femme de mauvaise vie qui remplissait auprès de ce dernier les fonctions de lectrice.

Il passa près d'un jour, caché dans une meule d'avoine qui dérobait à tous les yeux une machine à torturer dernier modèle et il put, la nuit venue, visiter les appartements du maître sans déranger aucun des patients sévèrement étendus sur des plaques de verre épousant les courbures de leur corps. L'un de ceux qui retinrent son attention fut une femme en proie à un amour partagé et sur laquelle le professeur T tentait une dépersonnalisation progressive dont il attendait des résultats prodigieux. C'est ainsi que chaque matin on remettait à cette femme une lettre émanant soi-disant de son bien-aimé et qui était le plus bel échantillon qu'on pût imaginer de toutes les figures de pensée dont de nouvelles variétés, particulièrement vénéneuses, venaient d'être acclimatées. D'un mélange adroit de mensonges insignifiants et de ces fleurs rares, l'expérimentateur attendait un effet si nocif qu'autant dire que le sujet était condamné.

Un autre malade, d'une quinzaine d'années, était soumis au traitement par les images, qui se décomposait comme suit : à chaque éveil, séance dite de compensation, au cours de laquelle l'enfant était autorisé à faire valoir ses droits de la nuit, dans la limite du possible bien entendu, mais ce domaine était étendu par tous les moyens, en passant par les supercheries les plus grossières. On obtenait ainsi un état d'émotivité extrêmement précieux, propre au découragement brusque qui permettait de passer au temps suivant, dès que par exemple on apportait au demandeur des sangsues en guise du verre d'eau dont il déclarait avoir besoin. Au second temps il s'agissait d'enseigner directement par images aussi bien la cosmographie que la chimie, que la musique. Force était, évidemment, pour inculquer quelques notions de ces sciences, de s'en tenir aux généralités. C'est ainsi, par exemple, que le tableau noir qui devait servir aux démonstrations était figuré par un jeune prêtre très élégant qui célébrait, je suppose, la loi de la chute du corps à la façon d'un office. Une autre fois des théories de jeunes filles à peu près nues développaient rythmiquement la morale. L'enfant très doué qui servait à la magnifique preuve voulue par le professeur T, privé de la sorte de toute possibilité d'abstraction mais non de volonté d'abstraction, était incapable d'éprouver les plus élémentaires désirs : il était perpétuellement ramené à la source de ses idées par les images mêmes, vouées chacune à sa mortelle possession.

Le professeur T devait exposer son système le lendemain, dans une salle complètement vide au plafond constitué par une unique glace plane mais le reporter imagina, durant la nuit, de diviser celle-ci en deux parties égales qu'il disposa en forme de toit au-dessus de la salle de conférences, après quoi il se maquilla à la ressemblance parfaite du savant et fit son entrée en même temps que lui. Il s'assit lentement à son côté et, favorisé d'un rayon de soleil, réussit sans mot dire à persuader le redoutable inquisiteur que les saltimbanques du feu solaire, si familiers au jeune garçon de l'amphithéâtre, s'amusaient à le dédoubler en son personnage agissant et en son personnage passif, ce qui lui rendit ce dernier très sympathique et lui permit de prendre quelques libertés avec le reporter. Malheureusement il n'en resta pas là et comme ce dernier esquissait un faible mouvement, à la suite d'une privauté inadmissible dont il venait d'être l'objet, le savant se jeta brusquement sur lui et le fit entrer dans un bain de plâtre, où il l'immergea en s'efforçant de le consolider dans la magistrale attitude de Marat mort, mais d'un Marat poignardé par la Curiosité Scientifique, dont il fit dresser près de lui la statue allégorique et menaçante. L'enquête ne fut point poursuivie et le journal qui l'avait menée contribua plus tard à allumer l'incendie du progrès.

De peur que les hommes qui la suivent dans la rue se méprennent sur ses sentiments, cette jeune fille usa d'un charmant stratagème. Au lieu de se maquiller comme pour le théâtre (la rampe, n'est-ce pas le sommeil lui-même et ne convient-il pas de sonner les entrées en scène dans la jambe même des femmes ?), elle fit usage de craie, de charbon ardent et d'un diamant vert d'une rareté insigne que son premier amant lui avait laissé en échange de plusieurs tambours de fleurs. Dans son lit, après avoir soigneusement rejeté les draps de coque d'œuf, elle plia sa jambe droite de manière à poser le talon droit sur le genou gauche et, la tête tournée du côté droit, elle s'apprêta à toucher du charbon ardent la pointe de ses seins autour de laquelle se produisirent les choses suivantes : une sorte de halo vert de la couleur du diamant se forma et dans le halo vinrent se piquer de ravissantes étoiles, puis des pailles donnèrent naissance à des épis dont les grains étaient pareils à ces paillettes des robes de danseuses. Elle jugea alors le moment venu de moirer l'air sur son passage et pour cela elle fit encore appel au diamant qu'elle lança contre la vitre de la fenêtre. Le diamant, qui n'est jamais retombé, creusa dans le verre un petit orifice de sa forme et exactement de sa taille, qui prit au soleil, pendant que la précieuse pierre continuait son vol, l'aspect d'une aigrette des fossés. Puis elle mordit avec délices dans les étonnantes stratifications blanches qui restaient à sa disposition, les baguettes de craie, et celles-ci écrivirent le mot amour sur l'ardoise de sa bouche. Elle mangea ainsi un véritable petit château de craie, d'une architecture patiente et folle, après quoi elle jeta sur ses épaules un manteau de petit gris et, s'étant chaussée de deux peaux de souris, elle descendit l'escalier de la liberté, qui conduisait à l'illusion de jamais vu. Les gardes la laissèrent passer, c'étaient d'ailleurs des plantes vertes que retenait au bord de l'eau une fiévreuse partie de cartes. Elle atteignit ainsi la Bourse où ne régnait plus la moindre animation depuis que les papillons s'étaient avisés d'y procéder à une exécution capitale : tous alignés je les vois encore quand je ferme les yeux. La jeune fille s'assit sur la cinquième marche et là, elle conjura les puissances racornies de lui apparaître et de la soumettre aux racines sauvages du lieu.

C'est depuis ce jour qu'elle passe chaque après-midi au-dessous du fameux escalier, renommée souterraine embouchant à ses heures le clairon de la ruine.

Ma tombe, après la fermeture du cimetière, prend la forme d'une barque tenant bien la mer. Il n'y a personne dans cette barque si ce n'est par instants, à travers les jalousies de la nuit, une femme aux bras levés, sorte de figure de proue à mon rêve qui tient le ciel. Ailleurs, dans une cour de ferme probablement, une femme jongle avec plusieurs boules de bleu de lessive, qui brûlent en l'air comme des ongles. Les ancres des sourcils des femmes, voilà où vous voulez en venir. Le jour n'a été qu'une longue fête sur la mer. Que la grange monte ou descende, c'est l'affaire d'un saut dans la campagne. À la rigueur s'il pleut, l'attente sera supportable dans cette maison sans toit vers laquelle nous nous dirigeons et qui est faite d'oiseaux multiformes et de grains ailés. La palissade qui l'entoure, loin de me distraire de ma rêverie, joint mal du côté de la mer, du côté du spectacle sentimental, la mer qui s'éloigne comme deux sœurs de charité.

Ceci est l'histoire de la seconde sœur, de la boule bleue et d'un comparse qui apparaîtra toujours assez tôt. Sur la barque molle du cimetière s'ouvrent lentement des fleurs, des étoiles. Une voix dit : « Êtes-vous prêts ? » et la barque s'élève sans bruit. Elle glisse à faible hauteur au-dessus des terres labourées, dont la chanson ne vous importe plus, mais qui est très ancienne et s'enroule autour des châteaux forts. La barque dissipe les brouillards du soir dont les chevaux blancs regagnent seuls l'écurie dans la ferme tendue de nuit qui est toute l'attention dont on est incapable. Une plante rouge descend d'un côté de la barque, comme une immense crinière de feu. L'équipage invisible malmène fort les papillons attardés et lorsque l'ascension des lumières au coulant des branches, comme on pend dans les bois, vient briser les cailloux sur la route, seul un cantonnier qui passe pour fou se souvient d'avoir ramassé en levant la main un collier de diamants plus lourd que les plus lourdes chaînes. Cette barque où s'épuisent les satisfactions du jour, pour qui sait voir, est maintenant pareille à une traîne toute blanche parce qu'elle passe au-dessus d'un pont tordu par le vent. Traîne de poussière et de sable, les oiseaux te mordent et tu te détaches parfois pour découvrir un visage douloureusement beau, inoubliable comme les fonds de vase. Est-il vrai que les jours d'orage tu te crispes dans la tourmente élégante des feuilles, au point de me ravir le meilleur de moi-même ? La barque muette et longue comme l'oubli use l'air en faussant ses souffles et nous ne nous en apercevons pas.

Jamais le feu ne s'est écarté de ce bord équivoque pour ensorceler les bagues de couleur. La quête de la mer se poursuit parmi les vagues d'encens. Si la volonté des hommes se fait alors, c'est bien par surprise, je vous le jure, et les rochers les plus hauts n'y sont pour rien. La course aux étoiles s'accidente. La boule bleue a fait place à un anneau de même nature qui encercle toutes les femmes à la hauteur de la ceinture et les fait pâlir malheureusement. La barque oblique alors le long du courant insoupçonnable qui résulte de ces regards convergents de la nuit. La fantaisie passe sur les clochers, menottes aux poignets, fuyant pourtant la raison et la folie. Et l'homme que je suis efface jusqu'au plus humble souvenir de ses stations sur les nattes de la terre. Pour vivre encore de près, selon la musique des tables, près d'une compagne très belle qui tend la corde du pardon.

Dans la craie de l'école il y a une machine à coudre ; les petits enfants secouent leurs boucles de papier argenté. Le ciel est un tableau noir sinistrement effacé de minute en minute par le vent. « Vous savez ce qu'il advint des lis qui ne voulaient pas s'endormir » commence le maître, et les oiseaux de faire entendre leur voix un peu avant le passage du dernier train. La classe est sur les plus hautes branches du retour, entre les verdiers et les brûlures. C'est l'école buissonnière dans toute son acception. Le prince des mares, qui porte le nom d'Hugues, tient les rames du couchant. Il guette la roue aux mille rayons qui coupe le verre dans la campagne et que les petits enfants, du moins ceux qui ont des yeux de colchique, accueilleront si bien. Le passe-temps catholique est délaissé. Si jamais le clocher retourne aux grains de maïs, c'en sera fini des usines même et le fond des mers ne s'illuminera plus que sous certaines conditions. Les enfants brisent les vitres de la mer à cette heure et prennent des devises pour approcher du château. Ils laissent passer leur tour dans les rondes de nuit et comptent sur leurs doigts les signes dont ils n'auront pas à se défaire. La journée est fautive et s'attache à ranimer plutôt les sommeils que les courages. Journée d'approche qui ne s'est pas élevée plus haut qu'une robe de femme, de celles qui font le guet sur les grands violons de la nature. Journée audacieuse et fière qui n'a pas à compter sur l'indulgence de la terre et qui finira bien par lier sa gerbe d'étoiles comme les autres quand les petits enfants rentreront, l'œil en bandoulière, par les chemins du hasard. Nous reparlons de cette journée entre haut et bas, dans les cours royales, dans les imprimeries. Nous en reparlerons pour nous en taire.

La pluie seule est divine, c'est pourquoi quand les orages secouent sur nous leurs grands parements, nous jettent leur bourse, nous esquissons un mouvement de révolte qui ne correspond qu'à un froissement de feuilles dans une forêt. Les grands seigneurs au jabot de pluie, je les ai vus passer un jour à cheval et c'est moi qui les ai reçus à la Bonne auberge. Il y a la pluie jaune, dont les gouttes, larges comme nos chevelures, descendent tout droit dans le feu qu'elles éteignent, la pluie noire qui ruisselle à nos vitres avec des complaisances effrayantes, mais n'oublions pas que la pluie seule est divine.

Ce jour de pluie, jour comme tant d'autres où je suis seul à garder le troupeau de mes fenêtres au bord d'un précipice sur lequel est jeté un pont de larmes, j'observe mes mains qui sont des masques sur des visages, des loups qui s'accommodent si bien de la dentelle de mes sensations. Tristes mains, vous me cachez toute la beauté peut-être, je n'aime pas votre air de conspiratrices. Je vous ferais bien couper la tête, ce n'est pas de vous que j'attends un signal ; j'attends la pluie comme une lampe élevée trois fois dans la nuit, comme une colonne de cristal qui monte et qui descend, entre les arborescences soudaines de mes désirs. Mes mains ce sont des Vierges dans la petite niche à fond bleu du travail : que tiennent-elles ? je ne veux pas le savoir, je ne veux savoir que la pluie comme une harpe à deux heures de l'après-midi dans un salon de la Malmaison, la pluie divine, la pluie orangée aux envers de feuille de fougère, la pluie comme des œufs entièrement transparents d'oiseaux-mouches et comme des éclats de voix rendus par le millième écho.

Mes yeux ne sont pas plus expressifs que ces gouttes de pluie que j'aime recevoir à l'intérieur de ma main ; à l'intérieur de ma pensée tombe une pluie qui entraîne des étoiles comme une rivière claire charrie de l'or qui fera s'entretuer des aveugles. Entre la pluie et moi il a été passé un pacte éblouissant et c'est en souvenir de ce pacte qu'il pleut parfois en plein soleil. La verdure c'est encore de la pluie, ô gazons, gazons. Le souterrain à l'entrée duquel se tient une pierre tombale gravée de mon nom est le souterrain où il pleut le mieux. La pluie c'est de l'ombre sous l'immense chapeau de paille de la jeune fille de mes rêves, dont le ruban est une rigole de pluie. Qu'elle est belle et que sa chanson, où reviennent les noms des couvreurs célèbres, que cette chanson sait me toucher ! Qu'a-t-on su faire des diamants, sinon des rivières ? La pluie grossit ces rivières, la pluie blanche dans laquelle s'habillent les femmes à l'occasion de leurs noces, et qui sent la fleur de pommier. Je n'ouvre ma porte qu'à la pluie et pourtant on sonne à chaque instant et je suis sur le point de m'évanouir quand on insiste, mais je compte sur la jalousie de la pluie pour me délivrer enfin et, lorsque je tends mes filets aux oiseaux du sommeil, j'espère avant tout capter les merveilleux paradis de la pluie totale, l'oiseau-pluie comme il y a l'oiseau-lyre. Aussi ne me demandez pas si je vais bientôt pénétrer dans la conscience de l'amour comme certains le donnent à entendre, je vous répète que si vous me voyez me diriger vers un château de verre où s'apprêtent à m'accueillir des mesures de volume nickelées, c'est pour y surprendre la Pluie au bois dormant qui doit devenir mon amante.

Par un magnifique après-midi de septembre, deux hommes devisaient dans un parc, d'amour naturellement puisqu'on était en septembre, à la fin d'une de ces journées de poussière qui prêtent aux femmes de si minuscules bijoux, que leurs servantes ont grand tort le lendemain de jeter par la fenêtre, en se servant pour les décrocher d'un de ces instruments de musique dont le son m'a toujours été si particulièrement à cœur et que l'on appelle *brosses*.

Il y a plusieurs sortes de brosses, parmi lesquelles je citerai pour être incomplet la brosse à cheveux et la brosse à reluire. Il y a aussi le soleil et le gant de crin mais ce ne sont pas des brosses à proprement parler.

Les deux hommes se promenaient donc dans le parc en fumant de longs cigares qui, bien qu'en partie consumés, mesuraient encore, l'un un mètre dix, l'autre un mètre trente-cinq. Expliquez cela comme vous pourrez quand je vous aurai dit qu'ils les avaient allumés en même temps. Le plus jeune, celui dont la cendre était une femme blonde qu'il apercevait très bien en baissant les yeux, et qui faisait montre d'une exaltation inouïe, donnait le bras au second dont la cendre, une femme brune, était déjà tombée.

18

Le réverbère qui se rapprochait insensiblement du bureau de poste cette nuit-là s'arrêtait à chaque instant pour prêter l'oreille. Est-ce à dire qu'il avait peur ?

Dans l'établissement de bains, deux femmes très belles et sévèrement maquillées avaient retenu une heure auparavant la cabine la plus luxueuse et, comme elles s'attendaient à ne pas être seules, il avait été convenu qu'au premier signal (en l'espèce une fleur japonaise, de dimensions inaccoutumées, qui s'ouvrirait dans un verre d'eau) un alezan scellé se tiendrait derrière la porte. Cet animal piaffait superbement et le feu de ses naseaux jetait des araignées blanches sur les murs, comme lorsqu'on assiste à des tirs de marine lointains.

La foule allait et venait sur le boulevard sans rien connaître. De temps à autre elle se coupait les ponts, ou bien elle prenait à témoin les grands lieux géométriques de perle. Elle foulait une étendue qui pourrait être évaluée à celle des fraîcheurs autour des fontaines ou encore à ce que couvre d'illusions le manteau de la jeunesse, ce manteau de part en part troué par l'épée du rêve. Le réverbère évitait de se trouver pris dans la bousculade. À la hauteur de la porte Saint-Denis une chanson morte étourdissait encore un enfant et deux agents de la force publique : le « Matin » enchanté des buissons de ses linotypes, le café du Globe occupé par des lanciers quand ce n'est pas par des artistes de music-hall portées par le dédain.

Le paysage de Paris rossignol du monde variait de minute en minute et parmi les cires de ses coiffeurs élançait ses jolis arbres printaniers, pareils à l'inclinaison de l'âme sur l'horizon.

C'est alors que le réverbère, qui avait pris la rue Étienne-Marcel, jugea bon de s'arrêter et que je pus, passant par hasard comme un carton à dessin sous mon propre bras, surprendre une partie de son monologue, tandis qu'il jouait de ruse pour ne pas arrêter l'autobus séduit par ses mains vertes, pareilles à un réseau de moustiques sur mes pas.

Le réverbère : « Sonia et Michelle feront bien de se méfier du rameau de fièvre qui garde les portes de Paris ; l'évidence est qu'on ne fendra plus le bois de l'amour avant cette nuit. Si bien... si bien que je ne les vois pas blanches par ce printemps nocturne, pour peu que leur cheval prenne peur. Mieux vaudrait pour elles éviter la curiosité des lèvres, si elles suc-combent à la tentation des ponts jetés sur les regards. (Je vais les tracer.) »

Ce langage ne me causait aucune inquiétude encore quand le jour se mit à poindre, sous la forme d'un petit saltimbanque dont la tête était bandée et qui paraissait prêt à s'évanouir. L'enfant, après s'être appuyé négligemment au réverbère, se dirigea d'un trait vers la boîte des « Levées exceptionnelles » et, avant que j'eusse pu l'en empêcher, glissa fort avant son bras par l'ouverture. Je m'étais mis à attacher le lacet de mon soulier sur les marches quand il redescendit, plus mince que jamais, harassé de son effort, couvert de poussière et de plumes comme qui est tombé dans une haie, simple accident d'automobile dont on ne meurt pas toujours.

La chronologie de ces faits, des premiers au moins, chronologie à laquelle j'ai paru prendre une part inexplicable au début de ce récit, m'entraîne à ajou-ter que le timbre des instruments absents, Sonia et Michelle, était beaucoup plus sourd depuis que la lettre était partie. Elle ne devait, d'ailleurs, pas tar-der à les rejoindre. En effet, dix minutes s'étaient à peine écoulées que j'entendis à nouveau une chemise, qui devait être verte, glisser lentement du dossier de la chaise de la cabine jusqu'à terre où elle vécut quelque temps de la vie d'un chardon, dans le sable, au bord de la mer. Le réverbère s'était transporté sur un boulevard de Dieppe où il s'efforçait d'éclairer un homme d'une quarantaine d'années occupé à chercher quelque chose dans le sable. Cet objet perdu j'aurais pu le lui montrer, puisque c'était un œillet. Mais il allait et venait sans parvenir à le retrouver et je ne pus m'empêcher de sourire quand il jugea que ce manège avait assez duré et que, prenant une décision sauvage, il se mit à suivre la route de gauche, qui prolonge l'allée du casino. Michelle défit alors son bracelet et le posa sur le rebord de la fenêtre, qu'elle referma ensuite, après avoir considéré la trace charmante qu'il laissait sur sa peau. Cette femme, blonde, me parut assez froide de cœur et je la chassai longtemps devant moi comme une gazelle. Sonia, d'un acajou splendide, s'était depuis longtemps déshabillée et son corps était moulé dans la lumière du plus merveilleux lieu de plaisir que j'aie jamais vu. Ses regards étaient des serpentins verts et bleus au milieu desquels, mais continuellement brisé, spiralait même un serpentin blanc, comme une faveur spéciale qui m'eût été réservée. Elle chantait entre les barreaux de l'eau ces mots que je n'ai pas appris :

« Mort d'azur et de tempête fine, défais ces barques, use ces nœuds. Donne aux divinités le calme, aux humains la colère. Je te connais, mort de poudre et d'acacia, mort de verre. Je suis morte, moi aussi, sous les baisers. »

L'appât des songes stimule maintenant les

musiques de ma tête. Ces deux femmes m'ont appartenu tout un jour que je finissais ténébreusement d'être jeune. Et me voici, prophète à la tempe plus pure que les miroirs, enchaîné par les lueurs de mon histoire, couvert d'amours glaçantes, en proie aux fantasmagories de la baguette brisée et demandant que par pitié, d'un seul brillant final, on me ramène à la vie.

Entre la source. La source a parcouru la ville à la recherche d'un peu d'ombre. Elle n'a pas trouvé ce qu'il lui fallait, elle se plaint tout en racontant ce qu'elle a vu : elle a vu le soleil des lampes, plus touchant que l'autre, il est vrai ; elle a chanté un ou deux airs à la terrasse d'un café et on lui a jeté de lourdes fleurs jaunes et blanches ; elle a ramené ses cheveux sur son visage mais leur parfum était si fort. Elle n'est que trop portée à s'endormir, est-il bien nécessaire qu'elle couche à la belle étoile parmi ses colliers d'insectes, ses bracelets de verre ? La source rit doucement, elle n'a pas senti ma main se poser sur elle ; elle se courbe insensiblement sous ma main, pensant aux oiseaux qui ne veulent savoir d'elle que sa fraîcheur. Qu'elle prenne garde, je suis capable de l'entraîner bien ailleurs, là où il n'y a plus ni villes ni campagnes. Un beau mannequin présentera cet hiver aux élégantes la robe du Mirage et savez-vous qui fera triompher l'adorable création ? Mais la source, bien sûr, la source que j'entraîne sans difficultés dans ces parages où mes idées reculent au-delà du possible, au-delà même des salles inorganiques où les Touaregs, d'origine moins obscure que moi, se contentent d'une vie nomade parmi leurs femmes excessivement parées. La source, elle est tout ce qui passe de moi dans le tournoiement des feuilles qui veillent là-haut, au-dessus de mes idées mouvantes que le moindre courant d'air déplace, elle est l'arbre que la cognée attaque sans cesse, elle saigne dans le soleil et elle est le miroir de mes mots.

20

On s'est avisé un jour de recueillir dans une coupe de terre blanche le duvet des fruits ; cette buée on en a enduit plusieurs miroirs et l'on est revenu bien longtemps après : les miroirs avaient disparu. Les miroirs s'étaient levés l'un après l'autre et étaient sortis en tremblant. Beaucoup plus tard encore, quelqu'un confessa que, rentrant de son travail, il avait rencontré l'un de ces miroirs qui s'était approché insensiblement et qu'il avait emmené chez lui. C'était un jeune apprenti fort beau sous sa cotte rose qui le faisait ressembler à une cuve pleine d'eau dans laquelle on a lavé une blessure. La tête de cette eau avait souri comme mille oiseaux dans un arbre aux racines immergées. Il avait monté sans peine le miroir chez lui et il se souvenait seulement que deux portes avaient claqué à son passage, deux portes qui présentaient chacune une plaque de verre étroite encadrant la poignée. Il tenait les deux bras écartés pour soutenir son fardeau qu'il déposa avec mille précautions dans un angle de l'unique pièce qu'il occupait au septième étage puis il se coucha. Il ne ferma pas les yeux de la nuit ; le miroir se reflétait lui-même à une profondeur inconnue, à une distance incroyable. Les villes n'avaient que le temps d'apparaître entre deux de ses épaisseurs : villes de fièvre sillonnées en tous sens par des femmes seules, villes d'abandon, de génie aussi, dont les édifices étaient surmontés de statues animées, dont les monte-charges étaient construits à la ressemblance humaine, villes d'orages pauvres et celle-ci plus belle et plus fugitive que les autres dont tous les palais, toutes les usines étaient en forme de fleurs ; la violette était le lieu d'attache des bateaux. Sur le revers des villes il n'y avait en guise de campagnes que des ciels, ciels mécaniques, ciels chimiques, ciels mathématiques, où évoluaient les figures du zodiaque, chacune dans leur élément, mais les Gémeaux revenaient plus souvent que les autres. Le jeune homme se leva précipitamment vers une heure, persuadé que le miroir penchait en avant et allait tomber. Il le remit d'aplomb avec beaucoup de difficulté et, soudain inquiet, il jugea périlleux de regagner son lit et demeura assis sur une chaise boiteuse, à un pas seulement du miroir et bien en face de lui. Il crut alors surprendre dans la pièce une respiration étrangère, mais non, rien. Il voyait maintenant un jeune homme sous une grande porte, ce jeune homme était à peu près nu ; il n'y avait derrière lui qu'un paysage noir qui pouvait être de papier brûlé. Les formes seules des objets subsistaient et il était possible de reconnaître les substances dans lesquelles ces objets s'étaient moulés. Rien de plus tragique, en vérité. Quelques-unes de ces choses lui avaient appartenu : bijoux, présents d'amour, reliques de l'enfance, et jusqu'à ce petit flacon de parfum dont le bouchon était introuvable. D'autres lui étaient inconnus et il n'en pouvait démêler l'usage à venir, sans doute. L'apprenti regardait toujours plus loin dans la cendre. Il éprouvait une satisfaction coupable à voir s'approcher de ses mains ce jeune homme souriant dont le visage était pareil à un globe à l'intérieur duquel voletaient deux oiseaux-mouches. Il lui avait pris la taille qui était celle du miroir, n'est-ce pas, et les oiseaux enfuis, la musique montait dans leur sillage. Que se passa-t-il jamais dans cette chambre ? Toujours est-il que depuis ce jour le miroir n'a point été retrouvé et que ce n'est jamais sans émotion que j'approche la bouche d'un de ses éclats possibles, quitte à ne plus voir enfin apparaître ces bagues de duvet, les cygnes sur le point de chanter.

21

Les personnages de la comédie se rassemblent sous un porche, l'ingénue aux accroche-cœur de chèvre-feuille, la duègne, le chevalier de cire et l'enfant traître. Par-dessus les ruisseaux qui sont des estampes galantes, les jupes s'envolent à moins que des bras pareils à ceux d'Achille ne s'offrent aux belles à leur faire traverser les ruelles. Le départ des corvettes qui emportent l'or et les étoffes imprimées est sonné mainte et mainte fois dans le petit port. Le charmant groseillier en fleurs qui est un fermier général étend lentement les bras sur sa couche. Près de lui son épée est une libellule bleue. Quand il marche, prisonnier des grâces, les chevaux ailés qui piaffent dans son écurie semblent prêts à s'élancer dans les directions les plus folles.

Pendant ce temps les baladins se reprochent leur ombre rose, ils élèvent au soleil leur singe favori aux manchettes de papillon. Au loin on aperçoit un incendie dans lequel sombrent de grandes grilles : c'est que les forêts qui s'étendent à perte de vue sont en feu et les rires des femmes apparaissent comme des buissons de gui sur les arbres du canal. Les stalactites de la nuit, de toutes couleurs, ravivent encore l'éclat des flammes vers Cythère et la rosée, qui agrafe lentement son collier aux épaules des plantes, est un prisme merveilleux pour la fin du siècle des siècles. Les voleurs, ce sont des musiciens immobiles contre le mur de l'église depuis qu'aux instruments de leur profession se sont trouvées mêlées des violes, des guitares et des flûtes. Un lévrier doré fait le mort dans chacune des salles du château. Rien n'a chance d'arracher le temps à son vol puisque les mêmes nuages que la veille se rendent à la mer qui bout.

Sur les remparts de la ville, une compagnie de chevau-légers, que caressaient les grisailles du soir, corsets et cottes de mailles, va s'embusquer au fond de l'eau.

22

Cette femme, je l'ai connue dans une vigne immense, quelques jours avant la vendange et je l'ai suivie un soir autour du mur d'un couvent. Elle était en grand deuil et je me sentais incapable de résister à ce nid de corbeaux que m'avait figuré l'éclair de son visage, tout à l'heure, alors que je tentais derrière elle l'ascension des vêtements de feuilles rouges dans lesquels brimbalaient des grelots de nuit. D'où venait-elle et que me rappelait cette vigne s'élevant au centre d'une ville, à l'emplacement du théâtre, pensais-je ? Elle ne s'était plus retournée sur moi et, sans le brusque luisant de son mollet qui me montrait par instants la route, j'eusse désespéré de la toucher jamais. Je me disposais pourtant à la rejoindre quand elle fit volte-face et, entrouvrant son manteau, me découvrit sa nudité plus ensorcelante que les oiseaux. Elle s'était arrêtée et m'éloignait de la main, comme s'il se fût agi pour moi de gagner des cimes inconnues, des neiges trop hautes. Je ne sus d'ailleurs pas mettre à profit l'éblouissement de cet instant et n'arrivai qu'à articuler les mots qu'entendent les merveilles lorsqu'on attente à sa propre vie ou encore lorsqu'on juge qu'il est temps de ne plus s'attendre soi-même. Cette femme, qui ressemblait à s'y méprendre à l'oiseau qu'on appelle veuve, décrivit alors dans l'air une courbe splendide, son voile traînant à terre tandis qu'elle s'élevait.

Voyant à quel point la patience allait m'être funeste, je me ravisai à temps pour saisir un coin du voile sur lequel j'avais mis le pied et qui me livra l'ensemble du manteau, pareil au regard de l'hermine lorsqu'elle se sent prise. Ce voile était d'une légèreté extrême et l'étoffe qui le constituait présentait cette particularité que, pour transparente et nullement doublée qu'elle fût, les mailles extérieures en étaient noires, tandis que les mailles qui avaient été tournées vers la chair en avaient gardé la couleur. Je portai à mes lèvres l'intérieur de l'étoffe qui était chaude et parfumée et, comme si j'avais attendu de la tunique mystérieuse des voluptés durables, je l'emportai chez moi dans le but de jouir de ses troublantes propriétés. Le rire de la femme la plus désirable chantait en moi — était-ce dans le voile, était-ce dans ma mémoire ? Toujours est-il que, dégagée de son enveloppe, elle avait aussitôt disparu et que je résolus de ne pas accorder plus longtemps une attention décevante au miracle de la vigne pour appartenir tout entier au manteau réel admirable.

J'avais jeté sur mes épaules cette ombre impalpable à laquelle seules les sensations les plus douces que j'éprouvais conféraient une apparence de vie. Délices ! C'était comme si une femme eût jeté sur moi un regard empreint de toutes les promesses et que je fusse demeuré muré dans ce regard, comme si la pression d'une main eût recelé toutes les complicités étranges des plantes de forêts dont les feuilles ont hâte de jaunir. Je posai le voile sur mon lit et il en monta une musique mille fois plus belle que celle de l'amour. J'assistais à un concert donné par des instruments semblables pour la forme à beaucoup d'autres mais dont la corde eût été noire, comme filée dans du verre à éclipses. Le voile se mouvait un peu avec des ondulations pareilles à celles d'une rivière dans la nuit, mais d'une rivière qu'on devine atrocement claire sans la voir. Un pli qu'il faisait sur le bord du lit ouvrait des écluses brusques de lait ou de fleurs, j'étais à la fois devant un éventail de racines et devant une cascade. Les murs de la chambre se couvraient de larmes qui, se détachant, s'évaporaient avant de toucher le sol et que rattachait un arc-en-ciel si petit que l'on eût pu facilement s'en emparer. Quand je le touchais, le voile soupirait distinctement et chaque fois que je le rejetais sur le lit, j'observais qu'il avait tendance à me présenter toujours son côté clair qui était pourtant fait de toutes les étoiles possibles. Je l'aimai plusieurs fois et quand je m'éveillai, après une heure à peine de sommeil auroral, je ne pus mettre la main que sur l'ombre en retard d'une lampe à abat-jour vert que j'avais oublié d'éteindre.

L'huile venant à manquer, j'eus le loisir d'entendre les derniers soubresauts de la flamme, à intervalles de plus en plus grands jusqu'à extinction complète marquée par un bruit que je n'oublierai jamais et qui fut le rire du voile lorsqu'il me quitta, comme celle dont il était l'ombre m'avait quitté.

23

Tu sauras plus tard, quand je ne vaudrai plus la pluie pour me pendre, quand le froid, appuyant ses mains sur les vitres, là où une étoile bleue n'a pas encore tenu son rôle, à la lisière d'un bois, viendra dire à toutes celles qui me resteront fidèles sans m'avoir connu : « C'était un beau capitaine, galons d'herbes et manchettes noires, un mécanicien peut-être qui rendait la vie pour la vie. Il n'avait pas d'ordres à faire exécuter pour cela, c'eût été trop doux mais la fin de ses rêves était la signification à donner aux mouvements de la Balance céleste qui le faisait puissant avec la nuit, misérable avec le jour. Il était loin de partager vos joies et vos peines ; il ne coupait pas la poire en quatre. C'était un beau capitaine. Dans ses rayons de soleil il entrait plus d'ombre que dans l'ombre mais il ne brunit vraiment qu'au soleil de minuit. Les cerfs l'étourdissaient dans les clairières, surtout les cerfs blancs dont les cors sont d'étranges instruments de musique. Il dansait alors, il veillait à la libre croissance des fougères dont les crosses blondes se détendent depuis dans vos cheveux. Peignez pour lui vos cheveux, peignez-les sans cesse, il ne demande pas autre chose. Il n'est plus là mais il va revenir, il est peut-être déjà revenu, ne laissez pas une autre puiser à la fontaine : s'il revenait, ce serait sans doute par là. Peignez vos cheveux à la fontaine et qu'ils inondent avec elle la plaine. » Et tu verras dans les entrailles de la terre, tu me verras plus vivant que je ne suis à cette heure où le sabre d'abordage du ciel me menace. Tu m'entraîneras plus loin qu'où je n'ai pu aller, et tes bras seront des grottes hurlantes de jolies bêtes et d'hermines. Tu ne feras de moi qu'un soupir, qui se poursuivra à travers tous les Robinsons de la terre. Je ne suis pas perdu pour toi : je suis seulement à l'écart de ce qui te ressemble, dans les hautes mers, là où l'oiseau nommé Crève-Cœur pousse son cri qui élève les pommeaux de glace dont les astres du jour sont la garde brisée.

24

« Un baiser est si vite oublié » j'écoutais passer ce refrain dans les grandes promenades de ma tête, dans la province de ma tête et je ne savais plus rien de ma vie, qui se déroulait sur sa piste blonde. Vouloir entendre plus loin que soi, plus loin que cette roue dont un rayon, à l'avant de moi, effleure à peine les ornières, quelle folie ! J'avais passé la nuit en compagnie d'une femme frêle et avertie, tapi dans les hautes herbes d'une place publique, du côté du Pont-Neuf. Une heure durant nous avions ri des serments qu'échangeaient par surprise les tardifs promeneurs qui venaient tour à tour s'asseoir sur le banc le plus proche. Nous étendions la main vers les capucines coulant d'un balcon de City-Hôtel, avec l'intention d'abolir dans l'air tout ce qui sonne en trébuchant comme les monnaies anciennes qui exceptionnellement avaient cours cette nuit-là.

Mon amie parlait par aphorismes tels que : « Qui

souvent me baise mieux s'oublie » mais il n'était question que d'une partie de paradis et, tandis que nous rejetions autour de nous des drapeaux qui allaient se poser aux fenêtres, nous abdiquions peu à peu toute insouciance, de sorte qu'au matin il ne resta de nous que cette chanson qui lapait un peu d'eau de la nuit au centre de la place : « Un baiser est si vite oublié. » Les laitiers conduisaient avec fracas leurs voitures aurifères au lieu des fuites éternelles. Nous nous étions séparés en criant de toute la force de notre cœur. J'étais seul et, le long de la Seine, je découvrais des bancs d'oiseaux, des bancs de poissons, je m'enfonçais avec précaution dans les buissons d'orties d'un village blanc. Ce village était encombré de ces bobines de télégraphe qu'on voit suspendues à égale distance, de part et d'autre des poteaux de grandes routes. Il avait l'aspect d'une de ces pages de romance que l'on achète pour quelques sous dans les rassemblements suburbains. « Un baiser est si vite oublié. » Sur la couverture du village, tournée vers la terre, et qui était tout ce qui restait de la campagne, on distinguait mal une sorte de lorette sautant à la corde à l'orée d'un bois de laurier gris.

Je pénétrai dans ce bois, où les noisettes étaient rouges. Noisettes rouillées, étiez-vous les persiennes du baiser qui me poursuivait pour que je l'oubliasse ? J'en avais peur, je m'écartais brusquement de chaque buisson. Mes yeux étaient les fleurs de noisetier, l'œil

95

droit la fleur mâle, le gauche la fleur femelle. Mais j'avais cessé de me plaire depuis longtemps. Des sentiers sifflaient de toutes parts devant moi. Près d'une source la belle de la nuit me rejoignit haletante. Un baiser est si vite oublié. Ses cheveux n'étaient plus qu'une levée de champignons roses, parmi des aiguilles de pin et de très fines verreries de feuilles sèches.

Nous gagnâmes ainsi la ville d'Écureuil-sur-Mer. Là des pêcheurs débarquaient des paniers pleins de coquillages terrestres, parmi lesquels beaucoup d'oreilles, que des étoiles circulant à travers la ville s'appliquaient douloureusement sur le cœur pour entendre le bruit de la terre. C'est ainsi qu'elles avaient pu reconstituer pour leur plaisir le bruit des tramways et des grandes orgues, tout comme nous recherchons dans notre solitude les sonneries des paliers sous-marins, le ronflement des ascenseurs aquatiques. Nous passâmes inaperçus des courbes de céans, sinusoïdes, paraboles, geysers, pluies. Nous n'appartenions plus qu'au désespoir de notre chanson, à la sempiternelle évidence de ces mots touchant le baiser. Nous nous anéantîmes, d'ailleurs, tout près de là, dans un étalage où n'apparaissait des hommes et des femmes que ce qui de leur nudité nous est le plus généralement visible : soit le visage et les mains, à peu de chose près. Une jeune fille était pourtant nu-pieds. Nous endossâmes à notre tour les vêtements de l'air pur.

25

Quel est-il ? Où va-t-il ? Qu'est-il devenu ? Qu'est devenu le silence autour de lui, et cette paire de bas qui était ses pensées les plus chastes, cette paire de bas de soie ? Qu'a-t-il fait de ses longues taches, de ses yeux de pétrole fou, de ses rumeurs de carrefour humain, que s'est-il passé entre ses triangles et ses cercles ? Les cercles gaspillaient le bruit qui arrivait à ses oreilles, les triangles étaient les étriers qu'il passait pour aller où ne vont pas les sages, lorsqu'on vient dire qu'il est temps de dormir, lorsqu'un messager à ombre blanche vient dire qu'il est temps de dormir. Quel vent le pousse, lui que la bougie de sa langue éclaire par les escaliers de l'occasion ? Et les bobèches de ses yeux, de quel style les voyez-vous à la foire à la ferraille du monde ? Ses égards pour vous, qu'en avez-vous fait, lorsqu'il vous souhaitait bonne cave et que le soleil taillait les cheminées de brique rose qui étaient sa chair, qui fumaient de la musique de sa chair ? Ses prises de courant sur vous, du côté du canal de l'Ourcq, ne sont-elles pas de nature à éloigner la petite voiture de glaces et de nougat qui stationnait sous le viaduc du métropolitain ? Et lui, lui, n'a-t-il pas repoussé l'entente ? N'a-t-il pas suivi le chemin qui se perd dans les caveaux de l'idée, ne faisait-il pas partie du glouglou de la bouteille de la mort ? Cet homme à reproches éternels et à froid de loup, que voulait-il que nous fissions de sa maîtresse, quand il l'abandonnait à la crosse de l'été ? Par ces soirs de pierre de lune où il remuait sur une table de vent un verre à moitié vide, qu'écoutait-il sur le tranchant de l'air, comme l'Indien ? Je ne suis pas plus fort que lui, je n'ai pas de boutons à ma veste, je ne connais pas l'ordre, je n'entrerai pas le premier dans la ville aux flots de bois. Mais qu'on me donne un sang d'écureuil blanc si je mens et que les nuages se rassemblent dans ma main quand je pèle une pomme : ces linges forment une lampe, ces mots qui sèchent dans le pré forment une lampe que je ne laisserai pas mourir faute du verre de mes bras levé vers le ciel.

La femme aux seins d'hermine se tenait à l'entrée du passage Jouffroy, dans la lumière des chansons. Elle ne se fit pas prier pour me suivre. Je jetai au chauffeur l'adresse du Rendez-Vous, du Rendez-Vous en personne, qui était une connaissance de la première heure. Le Rendez-Vous, ni jeune ni vieux, tenait aux environs de la porte de Neuilly un petit commerce de verre cassé.

« Qui es-tu ?

— Un des élancements de la lyre mortelle qui vibre au bord des capitales. Pardonne-moi le mal que je te ferai. »

Elle me dit aussi qu'elle s'était brisé la main sur une glace où étaient dorées, argentées, bleutées les inscriptions coutumières. Je pris cette main dans la mienne ; l'élevant à mes lèvres, je m'aperçus qu'elle était transparente et qu'au travers on voyait le grand jardin où s'en vont vivre les créatures divines les plus éprouvées.

L'enchantement prit fin lorsque nous mîmes pied à terre. Guidés par une pluie de chardons nous franchîmes le seuil de la demeure du Rendez-Vous, non sans écarter avec horreur les grandes peaux de lapin du soleil.

Le Rendez-Vous se tenait sur ses gardes, occupé à réparer un long treillage clair. Voici longtemps que les capucines avaient trouvé le moyen de le découdre et de suspendre au ciel leurs poignets indiscrets. Le Rendez-Vous s'appliquait à réparer le mal au moyen d'une liane blanche pouvant provenir de ma jeunesse. Il sifflait gaiement, ce faisant, et ne parut pas attacher à notre approche plus d'importance qu'à un chant d'alouette. C'est à peine s'il nous jeta un vague bonsoir de vin bleu qui, répercuté par l'heure, alla se perdre dans les sillons tragiques des peurs en sautoir.

Sous ce toit goudronné, la forme de mes pensées et moi nous abritâmes donc avant de repartir. Des travaux de remblai avaient lieu, à cette heure tardive, sur les fortifications. C'était comme si on eût cherché à nous embouteiller de roses de verre. Dans l'épouvantable fracas que provoquait leur chute, de minute en minute, renversées qu'elles étaient par de hautes grues faites de cheveux, il n'y avait place que pour notre extrême mécontentement.

Mais n'étions-nous pas venus là pour user de notre souverain pouvoir de nous baigner dans le verre, de nous débarrasser de tout ce que l'eau ne saurait entraîner de rêves rocailleux, d'espérances suivies ? De là ce que ce Rendez-Vous avait de hagard ; cet homme accomplissait une fonction si pénible que rien ne le pouvait distraire dans ses loisirs. Nous prîmes congé de lui le matin, d'un simple regard qui signifiait à la fois que nous n'appartenions plus à la vie et que, si nous revenions jamais de notre nouvel état, ce serait à la façon des sourciers pour toucher le ciel de notre baguette de foudre.

De ce moment une profonde métamorphose s'opéra dans le monde sensible. À l'entrée de New York ce ne fut plus la Liberté éclairant le monde, mais l'Amour, ce qui est différent. Dans l'Alaska les chiens éternels, l'oreille au vent, s'envolèrent avec les traîneaux. L'Inde fut secouée d'un tremblement de mercure et à Paris même, le long de la Seine, il y eut délivrance de passeports pour là même, oui, pour Paris *quitté*.

C'est dans la douce évasion nommée avenir, évasion toujours possible, que se résorbent les astres penchés jusque-là sur notre détresse.

Ainsi un homme et une femme, abandonnés sur une grande route blanche, épuisent la lente persuasion qui leur vient de n'être plus qu'un arbre greffé.

Mais le génie qui veille aux passes dont ce récit nous fournit plus d'un exemple s'attend à ce que je m'impatiente tout d'un coup. Que fait l'assentiment du lecteur à ces choses, le lecteur croit-il que les bonds de l'antilope sont calculés en fonction du désir que montre cet animal d'échapper à la soudaine courbure des gazons ? Nous nous éveillions, ce matin-là, côte à côte. Notre lit, de dimensions normales, imitait à s'y méprendre l'architecture d'un pont, je veux dire que beaucoup de temps avait passé. Une rivière limpide roulait au-dessus de nous ses cages de rumeurs. Glacé, couvert de gigantesques étoiles de mer et tout chancelant, un gratte-ciel avançait vers nous. Un aigle blanc comme la pierre philosophale planait au-dessus de la Nouvelle-Guinée. Celle que je n'appelais plus que l'Aveugle-de-la-toute-Lumière ou la Porte Albinos soupira alors et m'appela à elle. Nous fîmes l'amour longtemps, à la façon des craquements qui se produisent dans les meubles. Nous fîmes l'amour comme le soleil bat, comme les cercueils ferment, comme le silence appelle, comme la nuit brille. Et dans nos yeux qui n'étaient jamais ouverts en même temps ne se débattaient rien que nos sorts les plus purs.

À la hauteur des éphémères ne se produisaient plus que de très courtes étincelles qui nous faisaient serrer les poings de surprise et de douleur.

Nous nous préparâmes alors, avec d'infinis ménagements, à disparaître. Ayant loué un appartement garni des plus luxueux, nous y offrions presque chaque soir de merveilleux divertissements. L'entrée de la Porte Albinos, dans sa robe à traîne immense, faisait toujours sensation. À nos réceptions illusoires paraissaient les Agates fameuses ; un immense canon de quartz était braqué dans le jardin. Puis sur un mot plus bas que l'autre s'illuminait à nouveau la Porte Albinos et je restais des heures à regarder à travers sa tête passer les scalaires que j'aimais beaucoup. C'était devenu une de mes plus fréquentes faiblesses que de l'embrasser pour voir fuir tout à l'opposé de sa tête les charmantes petites flèches bleues que sont ces poissons fragiles.

Le jour vint où je ne revis plus celle qui fut ici-bas ma défense et ma perte.

Depuis, j'ai connu un homme qui avait pour chair un miroir, ses cheveux étaient du plus pur style Louis XV et dans ses yeux brillaient de folles immondices. Sur une aiguille de chemin de fer j'ai vu se poser l'oiseau splendide du sabotage et dans la fixité des plaies qui sont encore des yeux passer la froide obstination du sang qui est un regard irrésistible.

Je ne suis pas de cœur sur terre.

Pendant que vous prenez l'enfant par la main pour le conduire à la villa, ou la femme par la taille pour la charmer, ou le vieillard par la barbe pour le saluer, moi je file comme l'éclair ma toile de fausse séduction, ce polygone étrange qui attire les reproches. Plus tard, quand la bouteille de rosée sautera, et que vous entrerez silencieusement dans les feuilles, et que l'absolu printemps qui se prépare ouvrira son écluse, vous songerez à l'amant de la Porte Albinos qui reposera sur les claies du plaisir, ne demandant qu'à reprendre à Dieu ce que Dieu lui a pris.

La Porte Albinos est là dans l'ombre. Elle efface pas à pas tout ce qui m'épouvante encore et me fait pleurer dans l'éblouissement de ses gongs de feu. Je veille près de la Porte Albinos avec la volonté de ne laisser passer que les cadavres dans les deux sens. Je ne suis pas encore mort et je jouis parfois du spectacle des amours. Les amours des hommes m'ont suivi partout, quoi que j'en dise, je les sais pleines d'embûches comme les vases que les loups posent sur la neige. Les amours des hommes sont de grandes glaces paysannes bordées de velours rouge ou, plus rarement, de velours bleu. Je me tiens derrière ces glaces, près de la Porte Albinos qui s'ouvre en dedans, toujours.

27

Il y avait une fois un dindon sur une digue. Ce dindon n'avait plus que quelques jours à s'allumer au grand soleil et il se regardait avec mystère dans une glace de Venise disposée à cet effet sur la digue. C'est ici qu'intervient la main de l'homme, cette fleur des champs dont vous n'êtes pas sans avoir entendu parler. Le dindon, qui répondait au nom de Troisétoiles, en manière de plaisanterie, ne savait plus où donner de la tête. Chacun sait que la tête des dindons est un prisme à sept ou huit faces tout comme le chapeau haut de forme est un prisme à sept ou huit reflets.

Le chapeau haut de forme se balançait sur la digue à la façon d'une moule énorme qui chante sur un rocher. La digue n'avait aucune raison d'être depuis que la mer s'était retirée, avec force ce matin-là. Le port était, d'ailleurs, éclairé tout entier par une lampe à arc de la grandeur d'un enfant qui va à l'école.

Le dindon se sentait perdu s'il n'arrivait pas à

émouvoir ce passant. L'enfant vit le chapeau haut de forme et, comme il avait faim, il entreprit de le vider de son contenu, en l'espèce une belle méduse à bec papillon. Les papillons peuvent-ils être assimilés à des lumières ? Évidemment ; c'est pourquoi l'enterrement s'arrêta sur la digue. Le prêtre chantait dans la moule, la moule chantait dans le rocher, le rocher chantait dans la mer et la mer chantait dans la mer.

Aussi le dindon est-il resté sur la digue et depuis ce jour fait-il peur à l'enfant qui va à l'école.

Je venais d'encourir ma millième condamnation pour excès de vitesse. On n'a pas oublié la nouvelle : cette auto filant un soir à toute allure sur la route de Saint-Cloud, cette auto dont les voyageurs portaient des armures. Or je faisais partie de cette équipée anachronique qui mit aux prises l'ombre des arbres, l'ombre tournoyante de la poussière avec notre ombre de carriers blancs et funestes. Il y eut des sauts de rivières, je me rappelle, dont n'approche depuis en audace que l'entrée solennelle des hommes-cages dans le vestibule de l'hôtel Claridge, par une belle après-midi de février. Il y eut cette même promptitude dans le désastre que le jour où le *rayon*, découvert depuis, commença à balayer les plaines glacées de Russie, alors que Napoléon n'attendait que la lumière infrarouge. Des sauts de rivières et des vols planés en plein Paris, dans une auto dont les occupants sont tout bardés de rêve ! On alla beaucoup plus loin que Saint-Cloud, dans l'ombre de cette statue équestre dont certains mirent, d'ailleurs, toute leur vie à sortir. De quel châtaignier millénaire tentions-nous de faire le tour ? Ici une châtaigne descend, elle fait mine de se laisser tomber et, s'arrêtant à quelques mètres du sol, demeure suspendue comme une araignée.

Quand elles levaient leur visière, je découvrais à deux de mes compagnes des yeux châtains. Les formes s'étaient depuis longtemps révélées, la forme d'ombrelle notamment, qui se couvre de ciel, la forme de bottine qui rassemble étroitement les fleurs, au passage d'une rue, sur un refuge. Quoique nous fussions certains de ne point toucher terre, les habitants avaient reçu ordre de rester chez eux. L'auto promenait maintenant ses mains gantées de caoutchouc sur les meubles de la chambre-Paris. (On sait que dans les palaces il ne saurait être question de numéroter les chambres, les appartements ; pure question de luxe, par suite, que ces sortes de désignations.) Mais moi j'avais bien franchi le stade du luxe : je ne voulais m'arrêter qu'à la ville 34. Mes compagnons avaient beau m'opposer le risque de manquer d'air avant d'atteindre ce chiffre, je n'écoutais que mon remords, ce remords de vivre dont je n'ai jamais manqué l'occasion de faire confidence, même aux femmes à la visière baissée. C'est dans les faubourgs de la ville 26 que se produisit le miracle : une voiture qui venait en sens inverse de la nôtre et commença par écrire mon nom à l'envers dans un merveilleux paraphe de flamme vint nous heurter légèrement; le diable sait si elle allait moins vite que nous. C'est ici que mon explication, je le sais, sera de nature à ne satisfaire que les plus hautes consciences sportives de ce temps : *dans le temps il n'y a plus de droite ni de gauche*, telle fut la moralité de ce voyage. Les deux bolides blanc et vert, rouge et noir fusionnèrent terriblement et je ne me retrouve que passagèrement depuis, mort ou vif, me mettant moi-même à prix sur de grands écriteaux comme celui-ci, que sur tous les arbres je cloue du poignard de mon cœur.

29

Cette année-là, un chasseur fut témoin d'un étrange phénomène, dont la relation antérieure se perd dans le temps et qui défraya la chronique de longs mois. Le jour de l'ouverture cet homme botté de jaune qui s'avançait dans les plaines de Sologne avec deux grands chiens vit apparaître au-dessus de lui une sorte de lyre à gaz peu éclairante qui palpitait sans cesse et dont l'une des ailes seule était aussi longue qu'un iris tandis que l'autre, atrophiée mais beaucoup plus brillante, ressemblait à un auriculaire de femme auquel serait passé un anneau merveilleux. La fleur se détacha alors et retourna se fixer par l'extrémité de sa tige aérienne, qui était l'œil du chasseur, sur le rhizome du ciel. Puis le doigt, s'approchant de lui, s'offrit à le conduire en un lieu où aucun homme n'avait jamais été. Il y consent et le voici guidé par l'aile gauche de l'oiseau longtemps, longtemps. L'ongle était fait d'une lumière si fine que nul œil n'eût pu tout à fait l'endurer ; il laissait derrière lui un sillage de sang en vrille comme une coquille de murex adorable. Le chasseur parvint ainsi sans se retourner à la limite de la terre de France et il s'engagea dans une gorge. De tous côtés c'était l'ombre et l'étourderie du doigt lui donnait à craindre pour sa vie. Les précipices étaient dépassés, puisque de temps à autre une fleur tombait à côté de lui et qu'il ne se donnait pas la peine de la ramasser. Le doigt tournait alors sur lui-même et c'était une étoile rose follement attirante. Le chasseur était un homme d'une vingtaine d'années. Ses chiens rampaient tristement à ses côtés.

La gorge se resserrait toujours, quand l'étoile se mit à parler à voix basse, puis de plus en plus perceptible et finit par crier : « Prométhée » ou « Promettez ». Les échos s'emparèrent de ce mot, de sorte que le chasseur ne put savoir s'il avait affaire à un appel ou à une injonction. Il ne pouvait, pour ainsi dire, se faire entendre et c'est le plus sourdement du monde qu'il entreprit de questionner l'étoile : « Doigt inimaginable et branche plus verte que les autres, réponds, qu'exiges-tu de moi, que dois-je te promettre, en dehors du feu que tu as déjà ? » et comme il disait ces mots il la mit en joue et l'abattit. Il put voir en effet l'étonnant trésor se détacher des aigrettes de flammes, tandis qu'une abominable sonnerie se faisait entendre. Mais les chiens qui avaient voulu s'élancer tombèrent morts tandis que des buissons, de chaque côté de la route, avançaient et reculaient. L'étoile reparut alors au-dessus de lui, elle était plus blanche que jamais, et autour d'elle s'ouvrit un véritable parterre d'iris mais jaunes ceux-ci comme ceux qui croissent au bord de l'eau. L'homme chancelait maintenant sous la menace du gracieux épervier. Il jeta son fusil et, comme s'il eût dû faire amende honorable, il se débarrassa de sa cartouchière, de ses carniers. Il allait, les mains libres. C'est alors que l'étoile, ou le doigt, jugea bon de l'enchaîner d'un transparent réseau d'algues contre un poteau télégraphique. Il attendit. La nuit tombée, l'impassible amant du doigt bijou n'était plus qu'un peu de feuillage humain à travers les persiennes d'une chambre préparée pour l'amour. Les plantes, autour de lui, vaquaient à leurs occupations, les unes dans les manufactures de soie, les autres dans les étables trayant les chèvres de l'ombre. Les rochers sifflaient. On ne pouvait plus détourner son regard des ordures du ciel.

Le cadavre de l'heureux fut découvert quelques jours plus tard par un aimant d'hommes et de femmes qui explorait la région. Il était presque intact à l'exception de la tête effroyablement brillante. Celle-ci reposait sur un oreiller qui disparut quand on la souleva et qui était fait d'une multitude de petits papillons bleu de ciel. Tout près du corps un drapeau couleur d'iris était fiché et les franges de ce drapeau usé battaient comme de grands cils.

30

Le calorifère aux yeux bleus m'a dit, levant sur moi un regard de coordonnées blanches sur le tableau noir, croisant sur moi ses grandes mains OX et OY :

« Danseur, tu ne danseras plus que pour moi et pour moi seul se déferont tes sandales blanches nouées sur le cou de pied par une fausse herbe. Il est l'heure de dormir et de danser plus nu que tu n'es. Fais tomber ces voiles qui t'environnent encore et passe la main aux saisons pures que tu fais lever dans tes rêves, ces saisons où l'écho n'est plus qu'un grand lustre de poissons qui s'avance dans la mer, ces saisons où l'amour n'a plus qu'une tête qui est couverte de cerceaux de lune, d'animaux en flammes : l'amour, ce stère de papillons. »

La porte m'a dit :

« Ferme-moi à tout jamais sur l'extérieur, cette aiguille que la plus belle de tes illusions n'arrive pas à enfiler tant il fait noir ; condamne-moi, oui condamne-moi comme on condamne les femmes à chanter leur merveilleuse maladie : les femmes rousses, puisqu'au feu toutes les femmes sont rousses. »

Le plafond m'a dit :

« Chavire, chavire et chante, pleure aussi lorsque la rosace des cathédrales le demande, cette rosace n'est pas si belle que la mienne et dans le plâtre je capterai tes rayons jeunes, tes rayons follement jeunes. Vois la meule des plaisirs qui tourne dans le salon et cet oiseau perçant qui s'envole à chaque tour de roue, à chaque tour de cartes. Et promets-moi. »

J'allais donner la parole à l'air creux qui parle dans ses mains comme on regarde quand on ne veut pas faire semblant de voir (l'air parle dans ses mains pour ne pas faire semblant de parler) mais la bougie riait depuis un instant et mes yeux n'étaient plus qu'une ombre chinoise.

31

La scène représente un système à pédales tel que le mouvement ascendant-descendant soit combiné avec un mouvement latéral droite-gauche, un personnage correspondant au départ à chaque nœud-point mort de l'appareil (deux hommes dans le système vertical, deux femmes dans le système horizontal).

Personnages : LUCIE, HÉLÈNE, MARC, SATAN. *Rideaux noirs, les deux femmes habillées de blanc, Marc en habit noir, Satan couleur de feu.*

Le tout se passe dans un cube parfait de couleur crème de manière à suggérer au premier abord l'idée d'un gyroscope géant dans sa boîte, cette dernière reposant par un de ses sommets sur le bord d'un verre à pied, et animée autour de son point d'application d'un mouvement giratoire. À l'intérieur du pied un soldat présentant les armes.

HÉLÈNE : La fenêtre est ouverte. Les fleurs embaument. Le champagne du jour dont la coupe pétille à mon oreille me fait tourner la tête. La cruauté du jour moule mes formes parfaites.

SATAN : Voyez-vous, par-dessus ces Messieurs et ces Dames, l'Île Saint-Louis ? C'est là que se trouvait la petite chambre du poète.

HÉLÈNE : Vraiment ?

SATAN : Il recevait tous les jours la visite des cascades, la cascade pourpre qui aurait bien voulu dormir et la cascade blanche qui arrivait par le toit comme une somnambule.

LUCIE : La cascade blanche, c'était moi.

MARC : Je te reconnais dans la vigueur des plaisirs d'ici, bien que tu ne sois que la dentelle de toi-même. Tu es l'inutilité finale, la lavandière des poissons.

HÉLÈNE : Elle est la lavandière des poissons.

SATAN : Maintenant l'otage des saisons qui s'appelle l'homme s'appuie sur la table de jonc, sur la table de jeu. C'est le coupable aux mains gantées.

HÉLÈNE : Permettez, Seigneur, les mains étaient belles. Si le miroir avait pu parler, si les baisers s'étaient tus...

LUCIE : Les roches sont dans la salle, les belles roches dans lesquelles l'eau dort, sous lesquelles les hommes et les femmes se couchent. Les roches sont d'une hauteur immense : les aigles blancs y laissent des plumes et dans chaque plume il y a une forêt.

MARC : Où suis-je ? Les mondes, le possible !

Comme les locomotives allaient vite : un jour le faux, un jour le vrai !

SATAN : Cela valait-il la peine d'en sortir, la peine de perdre pied à courir après les cadavres en crachant des folgores porte-lanterne ? Le poète était pauvre et lent dans sa demeure, le poète n'avait même pas droit au punch qu'il aimait beaucoup. La cascade pourpre charriait des revolvers dont les crosses étaient faites de petits oiseaux.

LUCIE : Je me fais une raison de la détente perpétuelle, Seigneur, Marc était blond comme le gypse.

Silence.

Mes amis il est temps de descendre ; ceci n'était qu'une séance de voltige et là-bas j'aperçois, derrière la cinquième rangée de spectateurs, une femme très pâle qui s'adonne à la prostitution. L'étrange est que cette créature a des ailes.

Marc s'enlève par la main, l'appareil fonctionne de plus en plus vite. Par la force de la vitesse acquise, Lucie se tient droite dans le prolongement du bras de Marc. Sonneries. Le mouvement prend fin lorsque Marc et son immobile cavalière atteignent le sommet du périple. Nuit. Le rideau tombe. Satan apparaît devant le rideau et s'incline longuement.

SATAN : Mesdames, Messieurs, la pièce que nous venons d'avoir l'honneur de représenter devant vous est de moi. Les horlogeries sont de peu d'importance, les symboles n'ayant plus, dans cette nouvelle forme de théâtre, qu'une valeur de promesse. Encore leur transparence n'est-elle pas tout à fait une question de temps. L'enfer vient d'être complètement restauré ; il n'avait plus ces derniers siècles qu'une valeur d'application : intellectuellement c'était parfait, mais, au point de vue de la douleur morale, cela laissait à désirer. Je me suis rendu un jour à l'Opéra et là, profitant de l'inattention générale, j'ai commencé par faire apparaître sur la façade de l'édifice plusieurs lueurs rougeâtres, d'un aspect très désagréable, celles qui, de l'avis des gens de goût, déshonorent encore le monument. Puis j'ai fait un superbe plongeon dans la conscience humaine que j'ai infestée de chances insolites, de fleurs informes et de cris de merveilles. À dater de ce jour le père ne fut plus seul avec son fils ; entre eux la déchirure de l'air livra passage à un éventail sur lequel reposait un ver luisant. Dans les usines je m'efforçai d'encourager par tous les moyens la division du travail, en sorte qu'aujourd'hui, pour fabriquer une *lime à ongles*, par exemple, il est besoin de plusieurs équipes d'ouvriers travaillant jour et nuit, les uns à plat ventre, les autres sur une échelle. Pendant ce temps les ouvrières vont faire des bouquets dans les champs et d'autres s'emploient à écrire des lettres où reviennent constamment le même verbe au même temps et la même formule de tendresse. La pièce à laquelle vous venez d'assister est une de ces limes à ongles nouveau modèle, à la fabrication desquelles tout concourt aujourd'hui, depuis l'ivoire de vos dents jusqu'à la couleur du ciel, un noir de pervenche si je ne me trompe. Mais j'aurai d'ici peu l'honneur de vous convier à des spectacles moins rationnels car je ne désespère pas de faire de l'éternité la seule poésie fugitive, entendez-vous, la seule poésie fugitive ! Ha ha ha ha ! *(Il sort en ricanant.)*

J'étais brun quand je connus Solange. Chacun vantait l'ovale parfait de mon regard et mes paroles étaient le seul éventail que pour me dissimuler leur trouble je pusse mettre entre les visages et moi. Le bal prenait fin à cinq heures du matin non sans que les plus tendres robes se fussent égratignées à des ronces invisibles. Ô propriétés mal fermées de Mont-fermeil où l'on va chercher le muguet et une couronne princière. Dans le parc où nul couple ne s'isolait plus les rayons glaciaux du faux soleil d'alors, véritables chemins de perle, ne trouvaient plus à étourdir que les voleurs attirés par le luxe de cette vie et qui se mettaient à chanter, dans les voix les plus justes, aux divers degrés du perron. Les serpents réputés inacclimatables qui glissaient dans l'herbe comme des mandolines, les décolletés impossibles et les figures géométriques de papier feu s'éclairant parmi eux qu'on s'effrayait d'apercevoir par la fenêtre, tinrent longtemps dans une sorte de respect miraculeux les chenapans de velours et de liège.

C'est alors qu'accablé de présents et lassé de ces beaux instruments de paresse auxquels dans une chambre atrocement voluptueuse je m'exerçais tout à tour, je pris le parti de congédier mes servantes et de m'adresser à une agence pour me procurer ce dont j'avais besoin : le réveil crépusculaire et un oiseau des mines de diamant qui me tînt la promesse d'extraire les racines d'une petite souffrance que j'avais devinée. Je n'étais pas plus tôt en possession de ce double trésor que je m'évanouis.

Le lendemain était jour que je savais consacré à l'accomplissement d'un rite très obscur dans la religion d'une peuplade des bords de l'Ohio. Sous la protection de l'orage où j'allai me placer, rien ne pouvait m'atteindre à l'exception d'une très vive lueur qui seulement pour moi se distinguerait d'un éclair. La tête renversée et les tempes protégées par deux plaques très minces de saphir, je portais encore en moi ce vide fléché tout en descendant la côte qui longe le terrain de manœuvre. On venait de sonner rassemblement et les jeunes hommes blonds se comptaient. L'admirable pluie à l'odeur de sainfoin qui commençait à tomber disloquait si bien le jour que j'avais envie d'applaudir. De l'ombre d'un petit bouquet d'arbres, à une centaine de mètres, s'envolaient encore dans la direction du soleil quelques-uns de ces pantalons de dentelle qui font merveille au théâtre mais j'avais en vue autre chose qu'un lâcher de pigeons-voyageurs.

Je sais un arc-en-ciel qui n'annonce rien de bon. Quand le vent se ramasse dans un coin de la terre comme une toupie et que vos cils battent à se rompre parce que vous sentez un bras imaginaire passé autour de votre taille, essayez de vous mettre à courir. J'étais sous un viaduc, pâle à l'idée de ces voyous qu'on emploie sur les locomotives à siffler dans leurs doigts. Rien, évidemment, ne se passerait. Je gagnai le petit sentier que la voie perd seulement à l'entrée de Paris. Étais-je l'un de ces enfants pauvres qu'on voit l'hiver s'accrocher aux voitures de charbon et, au besoin, trouer les sacs ? Peut-être. Un homme d'équipe, de ceux qui portent toujours dans leur main un petit ver rouge enchâssé dans une motte de terreau, me saluait.

Nul ne connaît comme moi le cœur humain. Un forçat qui avait participé au lancement du cuirassé LA DÉVASTATION m'assurait un jour que dans l'immense cône de lumière dont nul autre que lui n'avait pu sortir, il était donné d'assister à la création du monde. Pareillement, du plus loin que je me rappelle, rien ne m'a été caché du manège sentimental. J'approchais de la gare d'Est-Ceinture à l'heure de la sortie des usines. Les nacelles retenues dans les cours se détachaient du sol une à une et toutes les passagères semblaient folles d'une branche de lilas. Devant le mur de briques blanches et rouges s'illuminait de place en place un merveilleux lustre de doubles croches. Le travail commué laissait la nuit libre : des mains allaient pouvoir emplir les saladiers bleus. Sous la blouse de coutil qui est encore un moule, l'ouvrière parisienne au chignon haut regarde tomber la pluie du plaisir.

Il faut savoir ce que c'est que de se promener avec un sceptre dans les ruelles de la capitale à l'entrée de la nuit. La rue Lafayette balance de gauche à droite ses vitrines. C'est l'heure des meetings politiques et l'on peut voir au-dessus des portes se détacher en lettres grasses l'inscription : « Rien ne va plus ». J'étais, depuis un quart d'heure, à la merci de ces voyantes funèbres qui, avec des yeux violets, vous demandent obligatoirement une cigarette. On m'a toujours enseigné que la plus haute expression de gravité consistait à parler tout seul. J'étais, cependant, moins fatigué que jamais. Un des pôles aimantés de ma route devrait être, je le savais depuis longtemps, la réclame lumineuse de « Longines » à l'angle de la rue de la Paix et de la place de l'Opéra. De là, par exemple, je n'aurais plus su où aller.

Tâche pour tâche, obligation pour obligation, je sens bien que je ne ferai pas ce que j'ai voulu. Les petites lanternes aux armes de Paris qui font rebrous-ser chemin aux voitures à partir d'une certaine heure m'ont toujours fait regretter l'absence des paveurs. Il faut les avoir vus, ne serait-ce qu'une fois, l'œil à leur niveau d'alcool, éviter tout cahot aux loutres gantées de craie. Les pavés de bois dont le soleil use lentement les bords sont plus légers que les prières. Si l'un est plus clair que l'autre, il y a dans votre portefeuille une dépêche que vous n'avez pas encore lue. Cependant, à l'un des plus jolis coudes des boulevards, cette clairière orangée surmontée d'un paratonnerre et recouverte d'une houle de Liberty était-elle vouée à la circulation d'animaux plus gracieux que les autres ? Ce fut un jeu pour moi d'enjamber sans être aperçu les quelques fioles de parfum qui voulaient m'en interdire l'accès. Une ordonnance de police, paraissant dater du siècle dernier, tapissait en partie le manche d'un instrument en forme d'arbalète que je reconnus pour l'avoir déjà vu, incrusté de pierres précieuses, à la devanture d'une armurerie des passages. Il reposait cette fois sur une claie de feuillage séché de sorte que je pus croire à un piège. Le temps d'écarter cette idée, je mis à jour les deux échelons supérieurs d'une échelle de corde. Je décidai aussitôt de faire usage de l'appareil qui s'offrait et me donnai seulement le loisir, quand il n'y eut plus que ma tête à émerger du sol, de baiser éperdument de loin deux hautes bottes noires fermées sur des bas crème. C'était là le dernier souvenir que j'emporterais d'une vie qui avait été courte car je ne me rappelle plus bien si j'avais vingt ans sonnés.

Pour comprendre le mouvement dont était animé ce triste ascenseur, il faut faire appel à certaines connaissances astronomiques. Les deux planètes les plus éloignées du soleil combinent leur mouvement autour de lui avec cet étrange va-et-vient. La lumière était celle des boutiques d'eau minérale. Pour quel public d'enfants hagards exécutais-je des exercices aussi périlleux ? J'apercevais des moulures discontinues passant par toutes les couleurs du spectre, des cheminées de marbre blanc, des accordéons et alternativement la grêle, les plantes ciliées et l'oiseau-lyre. Attendez, naufrages ; soupirez, trompettes marines au son desquelles je serai un jour reçu par mon frère, ce charmant mollusque qui a la propriété de voler sous l'eau.

Peu à peu la lenteur des oscillations me faisait pressentir l'approche du but. Là était le mystère car je n'aurai rien dit en affirmant que, soumis à un tel balancement dans l'air supérieur, j'aurais aussi bien pu m'arrêter à Naples ou à Bornéo. Les zones torrides glaciales, lumineuses ou de clair-obscur s'étageaient, se carrelaient. Quand une jeune fille, dans une ferme, laisse couler à travers sa chambre l'eau d'une source voisine, et que son fiancé vient s'accouder à la barre arquée de sa fenêtre, ils partent eux aussi pour ne plus se retrouver. Que d'autres se croient s'ils le veulent à la merci d'un rétablissement : moi que les plus blanches écuyères ont fêté pour mon adresse à lancer leurs chars aveugles sur des routes de poussière, je ne sauverai personne et je ne demande pas à être sauvé. J'ai ri jadis de la bonne aventure et je porte sur l'épaule gauche un trèfle à cinq feuilles. Il peut m'arriver chemin faisant de tomber dans un précipice ou d'être poursuivi par les pierres, mais ce n'est chaque fois, je vous prie de le croire, qu'une réalité.

C'est plutôt chaque pas que je fais qui est un rêve et ne me parlez pas de ces tramways d'aspect bénin où le conducteur délivre des billets de tombola. Il profite de toutes les stations pour aller boire. Alors le véhicule qui tend, après l'arrosoir, à se retirer de la circulation, se voit entouré des cerfs les plus photogéniques. Pour moi, mes convictions ne m'ont jamais permis d'y prendre place qu'au rabais, de grand matin, avec les ouvriers qui portent en bandoulière une besace pleine de perdrix.

Tout de même j'étais venu à Paris et une grande flamme m'escortait, je l'ai dit, de ses quarante pieds blonds.

Les boulevards souterrains n'existaient pas encore.

À ce moment l'ennemie de la société pénétrait dans l'immeuble situé au numéro 1 du boulevard des Capucines. Mais elle ne fit qu'entrer et sortir. Je ne l'avais jamais vue et pourtant mes yeux s'emplirent de larmes. Elle était discrète comme le crime et sa robe à petits plis noire, en raison de la brise, apparaissait tour à tour brillante et ternie. Il n'y avait pas d'autre provocation dans son attitude : tant qu'elle alla j'observai que son pied se posait toujours aussi légèrement. À sa gauche, à sa droite, sur le trottoir s'inscrivaient sans cesse en lettres de toutes les couleurs des noms de parfums, de spécialités pharmaceutiques. Dans tous les cas il fait bon suivre de telles femmes dont on est sûr qu'elles ne vont pas à vous et qu'elles ne vont nulle part. Comme celle-ci venait encore de franchir pour rien le seuil d'une maison de la rue de Hanovre, je me portai vivement à sa rencontre et, avant qu'elle eût pu se reconnaître, j'emprisonnai dans la mienne sa main crispée sur un revolver si petit que la bouche du canon n'atteignait pas la première phalange de l'index replié. L'inconnue eut alors un regard de supplication et de triomphe. Puis, les yeux fermés, elle prit mon bras silencieusement.

Rien n'est, certes, plus simple que de dire à une femme, à un taxi : « Occupez-vous de moi. » La sensibilité n'est autre chose que cette voiture entièrement vitrée dans laquelle vous avez pris place ; une vulgaire dentelle de fil jetée sur la banquette essaie de vous faire oublier les ornières du chemin. Parfois l'impériale est garnie de malles et de cartons à chapeau oblongs comme des pendentifs. Le tout va se jeter dans un petit lac au pied de l'arbuste des mains jointes. Par la force des choses, autrefois, n'ai-je pas attendu qu'une raison de vivre me vînt de ces parties de chagrin? Les femmes les plus enragées sont les divorcées, qui s'arrangent si bien de leur voile de crêpe gris perle. Au bord de la mer il fut pour moi de saison de jongler avec leurs genoux. Le fouet des victorias disparues ne dessinait plus dans le temps qu'une pluie d'étoiles et il faut avouer que ces deux images froidement distinctes n'étaient pas seules superposées du point où je me trouvais placé. Ainsi, au feu de la rampe, une bouche apparaît absolument semblable à un œil et qui ne sait que, pour peu qu'on incline le prisme de l'amour, l'archet court sur la jambe des danseuses?

Quand il s'agit de Solange... Huit jours durant nous avons habité une région plus délicate que l'impossibilité de se poser pour certaines hirondelles. Sous peine de séparation nous nous étions interdit de parler du passé. La fenêtre donnait sur un navire, lequel, couché dans la prairie, respirait régulièrement. Au loin on apercevait une immense tiare faite de la richesse des anciennes villes. Le soleil prenait au lasso les plus belles aventures. Nous avons vécu là des heures exquisement oubliables, en compagnie de l'arlequin de Cayenne. Il faut dire qu'au beau milieu de l'escalier qui conduisait à notre chambre, Solange avait ôté son chapeau et allumé le feu de paille. Il y avait un bouton de sonnerie pour la réalisation de chacun de nos désirs et il y avait temps pour tout. Le dessus de lit était fait de nouvelles à la main :

« La boule d'or qui roule sur le fond azuré de cette cage n'est reliée à aucune tige apparente et elle est pourtant la boule d'un merveilleux condensateur. Nous sommes dans un bar de la rue Cujas et c'est ici qu'après l'attentat du train 5 Mécislas Charrier vint essayer cette main finement gantée grâce à laquelle il sut se faire reconnaître. »

« Rosa-Josepha, les sœurs siamoises, il y a huit jours se levaient de table lorsqu'un papillon arborant mes couleurs vint décrire un huit autour de leurs têtes. Jusque-là le monstre, accouplé à un casseur d'assiettes, semblait avoir compris peu de chose au grand destin qui l'attendait. »

On allait être en septembre. Sur un tableau noir, dans le bureau de l'hôtel, une équation tracée de main d'enfant ne comportait plus que des variables. Le plafond, l'armoire à glace, la lampe, le corps de ma maîtresse et l'air lui-même s'étaient approprié la sonorité du tambour. Parfois, entre minuit et une heure, Solange s'absentait. Mais j'étais sûr de la retrouver le matin dans sa chemise pailletée. Je ne sais encore que penser de son sommeil et peut-être ne fit-elle jamais que s'éveiller à mes côtés. Sous le toit de verdure frémissante partagée entre les échos nocturnes, dans la cheminée refleurissait la fraise des quatre-saisons. Solange avait toujours l'air de sortir d'une redoute. La terrible impersonnalité de nos rapports excluait si bien toute jalousie que les grands verres d'eau teintés des disparitions ne s'attiédissaient jamais. Plus tard seulement j'ai compris l'extraordinaire faiblesse de ces fameux tours de magie blanche.

C'est dans la salle de bains que se passait le meilleur de notre temps. Elle était située au même étage que notre chambre. Une buée épaisse « à couper au couteau » s'y étendait par places, notamment autour de la toilette, à ce point qu'il était impossible d'y saisir quoi que ce fût. De multiples accessoires de fard y trouvaient incompréhensiblement leur existence. Un jour que je pénétrais le premier, vers huit heures du matin, dans cette pièce où régnait je ne sais quel malaise supérieur, dans l'espoir, je crois, d'éprouver le sort mystérieux qui commençait à planer sur nous, quelle ne fut pas ma surprise d'entendre un grand bruit d'ailes suivi presque aussitôt de celui de la chute d'un carreau, lequel présentait cette particularité d'être de la couleur dite « aurore » alors que la vitre demeurée intacte était au contraire faiblement bleue. Sur le lit de massage reposait une femme de grande beauté dont je fus assez heureux pour surprendre la dernière convulsion et qui, lorsque je me trouvai près d'elle, avait cessé de respirer. Une ardente métamorphose s'opérait autour de ce corps sans vie : si le drap tiré aux quatre coins s'allongeait à vue d'œil et allait à une parfaite limpidité, le papier d'argent qui tapissait ordinairement la pièce, par contre, se recroquevillait. Il ne servait plus qu'à poudrer les perruques de deux laquais d'opérette qui se perdaient bizarrement dans la glace. Une lime d'ivoire que je ramassai à terre fit instantanément s'ouvrir autour de moi un certain nombre de mains de cire qui restèrent suspendues en l'air avant de se poser sur des coussins verts. Les moyens me manquaient, on l'a vu, pour interroger le souffle de la morte. Solange n'avait pas paru de la nuit et pourtant cette femme ne lui ressemblait pas, à l'exception des petits souliers blancs dont la semelle, au niveau de la ligne d'insertion des orteils, présentait d'imperceptibles hachures comme celle des danseuses. Le plus léger indice me faisait défaut. Il était remarquable que la jeune femme fût entrée là toute dévêtue. Comme j'introduisais mes doigts dans ses cheveux fraîchement coupés j'eus soudain l'impression que la belle venait de déplacer le corps de gauche à droite, ce qui, joint à la position de son bras droit derrière son dos et à l'hyperextension de sa main gauche, ne pouvait manquer de suggérer l'idée d'un grand écart.

M'étant borné à ces menues constatations, je sortis sans précautions inutiles. Certes les seules décorations qui m'inspirent quelque respect sont ces crachats d'or fixés à la doublure, un peu au-dessous de la poche intérieure du veston. Je rajustai pourtant le ruban rouge que je portais à la boutonnière.

On n'a écrit qu'un livre médiocre sur les évasions célèbres. Ce qu'il faut que vous sachiez, c'est qu'au-dessous de toutes les fenêtres par lesquelles il peut vous prendre fantaisie de vous jeter, d'aimables lutins tendent aux quatre points cardinaux le triste drap de l'amour. Mon inspection n'avait duré que quelques secondes et je savais ce que je voulais savoir. Aussi bien les murs de Paris avaient été couverts d'affiches représentant un homme masqué d'un loup blanc et qui tenait dans la main gauche la clé des champs : cet homme, c'était moi.

DOSSIER

CHRONOLOGIE
1896-1966

1896. *19 février.* Naissance à Tinchebray (Orne), selon l'état civil, d'André Breton, fils de Louis Breton (d'ascendance lorraine, alors employé aux écritures de la gendarmerie) et de Marguerite Le Gouguès, originaire de Lorient — Breton, à partir des années trente, hésitera entre cette date et le 18 février[1].

1900. Louis Breton s'installe à Pantin, rue de Paris, avec sa femme et son fils ; il devient sous-directeur d'une petite cristallerie.

1902-1907. André Breton entre à l'école communale de Pantin, où il fut un bon élève ; il en gardera toute sa vie le goût des cahiers d'écolier à couverture illustrée.

1907-1913. Il est inscrit au collège Chaptal à Paris, où il se montre un excellent élève, en particulier en français, en histoire. Amitié avec Théodore Fraenkel, passionné de poésie lui aussi. Ils publient leurs premiers poèmes dans la revue du collège.

1. Voir Chronologie, in A. Breton, *Œuvres complètes*, Gallimard, Bibl. de la Pléiade, t. I, 1988, p. XXVIII-XXIX.

La dernière année, en classe de philosophie, il commence à s'intéresser aux arts plastiques, visite les musées, les galeries, les expositions. Son admiration va à Gustave Moreau, Bonnard, Vuillard... ; il est déjà retenu par les arts dits primitifs. Lit Baudelaire, Huysmans, Mallarmé, Valéry...

1913. Après son baccalauréat, il suit les cours de l'année préparatoire de médecine. Ses essais poétiques se multiplient.

1914. *15 mars.* Première visite à Paul Valéry, qui sera suivie de beaucoup d'autres et d'une correspondance régulière jusqu'en 1922.

20 mars. Publication de trois poèmes d'André Breton dans *La Phalange*, la revue poétique de Jean Royère. Assiste à des matinées poétiques au Vieux-Colombier.

3 août. La déclaration de guerre le trouve à Lorient. Séjour marqué par la lecture exaltante de l'« œuvre considérable » de Rimbaud.

Octobre. Retour à Paris, où il reprend ses études à la faculté de médecine.

1915. Mobilisé en février, Breton est affecté à Nantes pendant l'été comme infirmier militaire.

1916. *Fin février ou début mars.* Rencontre décisive de Jacques Vaché, en convalescence à l'hôpital militaire de Nantes.

10 mai. Lors d'une permission, rend visite à Apollinaire à Paris.

26 juillet. Breton est affecté au centre neuropsychiatrique de Saint-Dizier, où il reste jusqu'au début de novembre. Il s'enthousiasme pour la psychiatrie et découvre Freud à travers le *Précis de psychiatrie* du docteur Régis et *La Psychoanalyse* des docteurs Régis et Hesnard.

Fin novembre. Envoyé sur le front dans l'offensive de la Meuse comme brancardier.

1917. *Fin janvier.* Attaché comme externe au centre neurologique de la Pitié dans le service du docteur Babinski. Voit régulièrement Apollinaire, Valéry, Royère et, par l'entremise d'Apollinaire, rencontre au printemps Pierre Reverdy, qui fonde en mars la revue *Nord-Sud*. Sérieux problèmes de santé.

Fin septembre ou début octobre. Rencontre Louis Aragon, « vraiment un poète ».

26 novembre. Conférence d'Apollinaire au Vieux-Colombier, « L'Esprit nouveau et les poètes », dont le programme de lectures est fixé par Breton.

1918. La découverte, avec Aragon, des *Chants de Maldoror* de Lautréamont, puis des *Poésies* de Ducasse leur fait à tous deux « l'effet d'un tremblement de terre ».

Le *16 mai*, Breton est envoyé comme infirmier à Moret-sur-Loing. Il retourne au Val-de-Grâce à l'automne et deviendra médecin auxiliaire l'année suivante.

1919. *6 janvier.* Mort de Jacques Vaché dans un hôtel de Nantes ; choc que représente pour Breton cette disparition.

22 janvier. Première lettre de Breton à Tzara après la lecture du *Manifeste dada*.

8 mars. Rencontre de Paul Eluard.

En *mars*, paraît le premier numéro de *Littérature*, que dirigent Aragon, Breton et Soupault, bientôt rejoints par Eluard.

En *mai-juin*, Breton découvre la pratique de l'écriture

automatique et écrit avec Soupault l'essentiel des *Champs magnétiques*.

Parution en *juin* de *Mont de piété*, premier recueil de poèmes de Breton écrits depuis 1913.

Décembre. Premiers résultats de l'enquête « Pourquoi écrivez-vous ? » dans *Littérature*. Rencontre de Picabia.

1920. *Janvier.* Arrivée attendue de Tristan Tzara à Paris. Breton se donne pleinement à la négation et à la dérision dadaïstes. Écrit et interprète avec Soupault deux sketches, *S'il vous plaît* et *Vous m'oublierez*.

Publication des *Champs magnétiques* sous la double signature de Breton et Soupault, achevé d'imprimer *30 mai.*

Breton annonce à sa famille qu'il ne poursuivra pas ses études de médecine. Rencontre au Luxembourg de Simone Kahn, qu'il épousera l'année suivante.

1921. *2 mai.* Vernissage tumultueux de la première exposition Max Ernst (collages) au Sans Pareil. Breton rédige la préface du catalogue.

13 mai. « Procès Barrès », salle des Sociétés savantes, organisé par Breton et Aragon. Violente campagne de presse contre les dadas. Breton commence à prendre ses distances avec le mouvement dada.

Juin-juillet. Le couturier bibliophile Jacques Doucet lui confie les fonctions de conseiller artistique et de bibliothécaire.

15 septembre. Mariage de Breton et de Simone Kahn. En vacances dans le Tyrol, Breton se rend à Vienne où il est reçu par Freud le *10 octobre*.

1922. *Janvier.* Breton appelle à la réunion en mars à Paris d'un « Congrès international pour la détermination des directives et la défense de l'esprit moderne », dit « Congrès de Paris », qui n'eut pas de suite à cause de graves tensions avec Tzara.

Mars. Nouvelle série de *Littérature*, sous la direction de Breton et Soupault, qui procède à la liquidation de Dada (« Lâchez tout »).

25 septembre. Début des expériences de sommeil hypnotique rue Fontaine, où Breton désormais réside. Premières séances avec Péret, Desnos et Crevel, qui se poursuivent jusqu'en *décembre*.

Conférence à Barcelone : « Caractère de l'évolution moderne et ce qui en participe ».

1923. *22 janvier.* L'assassinat par l'anarchiste Germaine Berton du chef des Camelots du Roi, Marius Plateau, suscite de vives discussions dans le groupe.

À la suite d'une séance particulièrement éprouvante de sommeil, Breton décide d'arrêter l'expérience.

6 juillet. Soirée houleuse du *Cœur à barbe*, organisée par Tzara, où Breton, Desnos et Péret sont expulsés.

7 septembre. Visite à Saint-Pol-Roux à Camaret.

15 novembre. Parution du recueil de poèmes *Clair de terre*, qui lui est dédié.

1924. *Février.* Publication des *Pas perdus* (essais 1918-1923). Le *24 mars*, départ soudain et mystérieux d'Eluard, qui affecte profondément Breton.

Début mai. Breton entreprend avec Aragon, Morise et Vitrac un « voyage-expérience » : ils se rendent en train à Blois, ville choisie au hasard sur la carte, et partent de là à pied pour la Sologne, tentative d'exploration du fonctionnement du psychisme humain par l'errance dans l'espace réel.

Octobre. Ouverture, le *11*, d'un « Bureau de recherches surréalistes ». Parution du *Manifeste du surréalisme* accompagné de *Poisson soluble* le *15*. Participation de Breton au violent pamphlet contre Anatole France, qui vient de mourir, *Un cadavre*, le *18*.

Décembre. L'activité de Breton auprès de Doucet prend pratiquement fin ; le collectionneur a acquis, sur son conseil, *Les Demoiselles d'Avignon* de Picasso. Parution le *1ᵉʳ décembre* du numéro 1 de *La Révolution surréaliste*, dirigée par Pierre Naville et Benjamin Péret.

1925. Breton rédige l'*Introduction au discours sur le peu de réalité*, qui paraîtra dans le numéro 3 de la revue *Commerce*. Le *9 mai*, hommage collectif des surréalistes à Saint-Pol-Roux dans *Les Nouvelles littéraires* ; scandale au banquet Saint-Pol-Roux ; lettre ouverte à Paul Claudel. *15 juillet.* Parution du numéro 4 de *La Révolution surréaliste*. Breton en prend seul la direction et s'en explique. Perspective de rapprochement avec divers groupes intellectuels, et surtout les membres de la revue *Clarté*, proche des communistes, avec qui s'est établie une convergence d'attitude devant la guerre coloniale que la France mène au Maroc. Diffusion en *août* du tract *La Révolution d'abord et toujours !*. Lecture attentive par Breton du *Lénine* de Trotsky.

1926. *26 mars.* Ouverture de la Galerie surréaliste, rue Jacques-Callot, animée par Breton.
30 septembre. Publication de *Légitime défense*, où Breton, tout en affirmant l'adhésion de principe au programme communiste, refuse vigoureusement tout contrôle extérieur.
4 octobre. Rencontre de Nadja près de la place Lafayette.

Breton la voit chaque jour jusqu'au *13 octobre* puis espace les rencontres.

Novembre. L'éventualité de l'adhésion au P.C. crée des tensions dans le groupe. Départ volontaire d'Artaud. Exclusion de Soupault.

1927. *Janvier.* Breton adhère au P.C. En *mai*, écrit et publie avec Aragon, Eluard, Péret et Unik la brochure *Au grand jour*, relative à leur adhésion (polémique avec Artaud).

Publication à l'automne de la première partie de *Nadja* dans le numéro 13 de *Commerce*.

1928. *11 février.* Parution du *Surréalisme et la peinture.*

15 mars. Breton célèbre avec Aragon le « Cinquantenaire de l'hystérie » dans le numéro 11 de *La Révolution surréaliste.*

25 mai. Publication de *Nadja.*

1929. *11 mars.* Réunion tumultueuse de la rue du Château : condamnation du groupe de René Daumal, le Grand Jeu, tentative de clarification en vue d'une activité commune opérée par Aragon, Breton et Queneau.

Parution du numéro spécial de la revue belge *Variétés*, « Le Surréalisme en 1929 », comprenant le dossier de la réunion du 11 mars, « À suivre... ».

Nouvelle édition en *juin* du *Manifeste* et de *Poisson soluble*, augmentée d'une préface et de la « Lettre aux voyantes ».

Décembre. « Avis au lecteur » pour *La Femme 100 têtes* de Max Ernst. Le *15*, parution dans le dernier numéro (n° 12) de *La Révolution surréaliste* du *Second manifeste du surréalisme.*

1930. *15 janvier.* Parution contre Breton du tract *Un cadavre,* réplique au *Second manifeste* par douze de ceux qu'il attaque (dont Desnos, Leiris, Queneau, Bataille...). Rupture définitive avec Desnos.

20 mars. Breton quitte Paris pour Avignon où le rejoignent Char et Eluard, qui écrivent en commun *Ralentir travaux*, publié le *20 avril*.

25 juin. Publication en volume du *Second manifeste du surréalisme*, enrichi de divers éléments en réponse à *Un cadavre*.

En *juillet* paraît le numéro 1 du *Surréalisme au service de la révolution*, dirigé par Breton.

24 novembre. Publication de *L'Immaculée Conception*, livre écrit en collaboration avec Eluard.

Présentation de *L'Âge d'or*, film de Buñuel et Dali.

1931. *30 mars.* Le jugement de divorce avec Simone est prononcé.

Le *10 juin*, Breton publie anonymement *L'Union libre*. Entre *mai* et *juillet*, signe plusieurs tracts, en particulier contre l'exposition coloniale.

Pendant l'été, Breton entreprend la rédaction des *Vases communicants*.

Parution en *décembre* des numéros 3 et 4 du *Surréalisme au service de la révolution*.

1932. *Mars.* Aragon ayant été inculpé pour son poème *Front rouge*, Breton, malgré son refus de la poésie de propagande, prend sa défense contre la censure dans une brochure, *Misère de la poésie*. Rupture définitive avec Aragon à la suite du désaveu de celui-ci.

Publication *fin juin* du *Revolver à cheveux blancs*.

26 novembre. Parution des *Vases communicants*.

1933. *Janvier.* Breton est nommé membre du bureau de la

section littéraire des Écrivains et artistes révolution-
naires ; il en sera exclu en juin, ce qui entraînera le
départ des autres surréalistes.

Juin. Parution conjointe des numéros 1 et 2 de *Mino-
taure*, revue d'Albert Skira où la collaboration des sur-
réalistes sera de plus en plus importante. Breton
donne dans le numéro 3 un texte important, *Le Mes-
sage automatique.*

1934. Tract du *10 février*, *Appel à la lutte* : Breton, avec ses
amis, donne son adhésion au Comité de vigilance des
intellectuels antifascistes.

Mai. Rencontre de Jacqueline Lamba, l'ondine de
L'Amour fou.

Juin. Conférence à Bruxelles : *Qu'est-ce que le surréa-
lisme ?*, publiée en *juillet.*

Juillet. Publication de *Point du jour* (nouveau recueil
d'essais).

14 août. Breton épouse Jacqueline Lamba.

Décembre. Parution du recueil poétique *L'Air de l'eau.*

1935. *Mars-avril.* Voyage à Prague, à l'invitation de Nezval
et de ses amis, en compagnie de Jacqueline, Paul et
Nusch Eluard et du peintre Sima, où Breton donne
une série de conférences.

Mai. Breton, Jacqueline et Péret partent pour Téné-
rife, aux Canaries.

Juin. Congrès des écrivains pour la défense de la cul-
ture, Breton est interdit de parole à la suite d'un inci-
dent avec Ilya Ehrenbourg. Suicide de René Crevel
le *18.*

Août. Parution à Bruxelles du tract *Du temps que les sur-
réalistes avaient raison*, qui consacre la rupture totale et

définitive du groupe avec le communisme officiel et stalinien.

Octobre. Fondation de Contre-Attaque dont l'animateur premier est Georges Bataille.

Novembre. Publication de *Position politique du surréalisme.*

20 décembre. Naissance de sa fille Aube.

1936. Le *24 mars*, alarmés par les tendances « surfascistes » revendiquées par Bataille, les surréalistes rompent avec Contre-Attaque.

Sensible détérioration des relations entre Breton et Eluard.

En *juin*, Exposition internationale du surréalisme à Londres.

Le *3 septembre*, Breton prononce un discours contre le premier procès de Moscou.

1937. Le *16 janvier*, discours contre le deuxième procès de Moscou.

2 février. Parution de *L'Amour fou.*

Breton se voit confier la gestion de la galerie Gradiva, rue de Seine.

9-14 juin. Exposition internationale du surréalisme à Tokyo.

Breton prononce le *9 octobre* une conférence sur l'humour noir à la Comédie des Champs-Élysées ; l'accent du texte est mis sur Jarry et annonce la future *Anthologie.*

1938. Breton et Eluard publient le *Dictionnaire abrégé du surréalisme*, catalogue de l'Exposition internationale du surréalisme à la galerie des Beaux-Arts, qu'ils ont organisée.

Fin février. Breton reçoit proposition d'une mission culturelle au Mexique, sous forme de conférences sur l'art et la littérature.

Publie *Trajectoire du rêve* avec une « Note sur Freud » menacé par les nazis.

Avril-août. Voyage au Mexique. Breton et Jacqueline sont accueillis par Léon et Natalia Trotsky. Élaboration avec Trotsky du manifeste *Pour un art révolutionnaire indépendant*, qui paraîtra sous la signature de Breton et du peintre Diego Rivera.

Rencontre avec Eluard à son retour du Mexique en *septembre* ; rupture définitive devant la gravité de leurs divergences idéologiques.

1939. *Mai.* Parution du numéro 12-13 de *Minotaure* dans lequel Breton tient une place essentielle.

En *août*, il fait la connaissance de Julien Gracq dont il a aimé *Au château d'Argol*, paru l'année précédente.

Début de la Seconde Guerre mondiale ; il est mobilisé le *2 septembre* comme médecin auxiliaire.

1940. *Janvier-février.* Il est affecté à l'école élémentaire de pilotage de Poitiers comme médecin auxiliaire.

Difficultés à obtenir la publication de l'*Anthologie de l'humour noir*.

Démobilisé le *1er août*, il rejoint Pierre Mabille à Salon-de-Provence avec sa femme et sa fille Aube. Annonce sa décision de quitter la France pour les États-Unis. S'installe à Martigues, où il achève le long poème *Pleine marge* publié dans les *Cahiers du Sud* en *septembre*.

Fin octobre, Breton et les siens s'installent à la villa Air Bel à Marseille, siège du Comité américain de secours aux intellectuels. Démarches de Tanguy à New York pour obtenir le visa de Breton. « Jeu de Marseille », inspiré du tarot.

Décembre. Écrit le poème *Fata Morgana*, dédié à Jacqueline. À la fin du mois, il est en possession d'un visa américain et d'un visa mexicain.

1941. La censure refuse en *février-mars* la publication de l'*Anthologie* et diffère celle de *Fata Morgana*.

24 mars. Breton s'embarque avec Jacqueline et Aube pour la Martinique, en compagnie de Victor Serge, Wifredo Lam et Claude Lévi-Strauss. Accueil réservé à l'arrivée à Fort-de-France, où il est interné puis libéré sous caution. Rencontre d'Aimé Césaire qui lui fait découvrir l'île, évoquée dans *Martinique charmeuse de serpents*.

Début juillet. Arrivée à New York, où Tanguy les accueille ; Breton retrouve de nombreux peintres, Duchamp, Masson.

1942. *Mars.* Breton est speaker à « La Voix de l'Amérique parle aux Français ».

Juin. Parution du premier numéro de la revue *VVV* (triple V), fondée par le sculpteur David Hare, et dont les conseillers sont Breton et Ernst, autour de laquelle se regroupent les surréalistes exilés à New York. Breton publie dans ce numéro les *Prolégomènes à un troisième Manifeste du surréalisme ou non*, où est évoquée l'idée d'un mythe des « grands transparents ».

14 octobre. Ouverture de l'exposition *First Papers of Surrealism* à New York, présentée par Breton et mise en scène par Marcel Duchamp.

10 décembre. Conférence prononcée à l'université de

Yale, *Situation du surréalisme entre les deux guerres* (reprise dans *La Clé des champs*).

1943. *Mars.* Publication de *Pleine marge.*

Rédaction, pendant l'été, du poème *Les États généraux* (qui sera publié en 1945).

Rencontre d'Élisa Claro en *décembre.*

1944. *20 août-20 octobre.* Voyage avec Élisa au Québec, en Gaspésie.

Rédaction d'*Arcane 17*, dans la lumière d'Élisa ; première publication à New York en *décembre.*

1945. *Avril.* Nouvelle édition augmentée du *Surréalisme et la peinture.*

Juin-juillet. Séjour à Reno, au Nevada, où Breton épouse Élisa le *31 juillet.* Commence à écrire l'*Ode à Charles Fourier.*

Les années passées aux États-Unis l'ont familiarisé avec les cultures indiennes et l'Amérique du Nord. En *août*, son long voyage à travers le Nevada, l'Arizona et le Nouveau-Mexique le conduit chez les Indiens Hopi et Zuni, dont l'*Ode à Charles Fourier* porte là encore la trace.

Décembre. Séjour exaltant à Port-au-Prince (Haïti), à l'invitation de Pierre Mabille. Breton prononce une série de conférences.

1946. *26 mai.* Retour d'André Breton à Paris.

Participe le *7 juin* à la soirée en hommage à Antonin Artaud au théâtre Sarah-Bernhardt.

1947. Publication de l'*Ode à Charles Fourier.*

Intervention indignée de Breton à la conférence de Tzara le *11 avril* à la Sorbonne sur « Le Surréalisme de l'après-guerre ».

Juillet. Exposition internationale, *Le Surréalisme en 1947*, à la galerie Maeght, dont Breton préface le catalogue, *Devant le rideau*.

Rupture inaugurale, tract qui signe le renouveau du groupe surréaliste après-guerre, son éloignement et son refus net de la politique stalinienne.

1948. *Janvier.* Parution du premier numéro de *Néon* (cinq numéros), dans lequel figure *Signe ascendant*.

Juin. Tract *À la niche les glapisseurs de Dieu*.

Août. Publication de *Martinique charmeuse de serpents*, en collaboration avec André Masson.

Novembre. Soutien à Garry Davis et au mouvement « Front humain », mondialiste et pacifiste.

Décembre. Participe au Rassemblement démocratique révolutionnaire (avec Sartre, Camus, Paulhan...).

Parution de l'anthologie *Poèmes* (1916-1948).

Julien Gracq publie *André Breton*.

1949. Breton publie *Flagrant délit*, où il dénonce un faux manuscrit de Rimbaud (*La Chasse spirituelle*).

1950. *Mars.* Parution de l'*Almanach surréaliste du demi-siècle*. Collaboration plus ou moins régulière pendant quelques mois au quotidien *Combat*.

25 mai. Nouvelle édition, augmentée, de l'*Anthologie de l'humour noir*.

Juillet. Breton achète une maison à Saint-Cirq-la-Popie dans le Lot, village qu'il a découvert l'année précédente ; il passera désormais là tous ses étés.

1951. Collaboration de Breton et des surréalistes à l'hebdomadaire *Arts*. Polémique contre Camus à propos de Lautréamont. Début de la collaboration des surréalistes au *Libertaire*.

1952. *Mars-juin.* Diffusion radiophonique des *Entretiens* avec André Parinaud, qui seront édités la même année.

Novembre. Parution du premier numéro de *Medium.* Breton assiste aux conférences hebdomadaires de René Alleau sur l'alchimie.

En *décembre*, ouverture de la galerie À l'étoile scellée.

1953. Publication en *août* de *La Clé des champs* (recueil d'articles parus depuis 1938).

1955. Préface à l'exposition « Pérennité de l'art gaulois » au Musée pédagogique (*18 février-2 avril*).

Adhère au Comité des intellectuels contre la poursuite de la guerre en Afrique du Nord.

1956. *Octobre.* Parution du premier numéro de la revue *Le Surréalisme, même*, dont il prend la direction avec Jean Schuster.

Tracts *Au tour des livrées sanglantes !*, contre les crimes de Staline, et *Hongrie, soleil levant* après l'écrasement de la révolution hongroise.

1957. *25 mai.* Publication de *L'Art magique*, ouvrage réalisé avec le concours de Gérard Legrand, auquel Breton s'est consacré quatre ans.

1958. Dénonce en *mai* le putsch d'Alger et prend part à la manifestation républicaine du *28*.

15 novembre. Publication du premier numéro de *Bief*, dirigé par Gérard Legrand, « organe mensuel de jonction surréaliste ».

Le *5 décembre*, intervient au gala du *Monde libertaire* en faveur des objecteurs de conscience emprisonnés.

1959. Publication de *Constellations* (vingt-deux poèmes en prose sur les gouaches de Miró de 1940-1941).

Huitième Exposition internationale du surréalisme, à

la galerie Daniel Cordier (*15 décembre 1959 - 15 février 1960*), consacrée à l'Éros.

1960. *1ᵉʳ septembre.* Breton est l'un des instigateurs de la « Déclaration sur le droit à l'insoumission dans la guerre d'Algérie », déclaration dite « Manifeste des 121 ».

1961. *Mai.* Exposition internationale du surréalisme à la galerie Schwarz à Milan.

Octobre. Création d'une nouvelle revue surréaliste, *La Brèche*, dirigée par Breton.

Parution de *Le La*, bref recueil de phrases automatiques de demi-sommeil.

1962. *29 janvier.* Prend la parole au columbarium du Père-Lachaise, lors des obsèques de Natalia Sedova Trotsky.

Août. Réédition définitive des *Manifestes*.

1963. *Perspective cavalière* dans le numéro 5 de *La Brèche* en *octobre*, qui insiste sur la continuité du surréalisme dans la jeunesse contemporaine.

1964. Texte de présentation, en *novembre*, de l'exposition de Jean-Claude Silbermann, où Breton défend plus que jamais les trois options fondamentales du surréalisme : la poésie, l'amour, la liberté.

1965. *Décembre.* Ouverture de la onzième Exposition internationale du surréalisme, *L'Écart absolu*, placée tout entière sous le signe de Fourier et pour laquelle Breton rédige la préface du catalogue.

Édition définitive, revue et corrigée, du *Surréalisme et la peinture*.

1966. Séjour en Bretagne au printemps. Souffre de troubles respiratoires sérieux depuis plusieurs années.

Décline en *juillet* l'invitation de Ferdinand Alquié de

participer au colloque de Cerisy-la-Salle consacré au surréalisme.

À la fin de *septembre*, à Saint-Cirq, son état de santé s'aggrave. Transporté à Paris, il meurt à l'hôpital Lariboisière le matin du *28*. Les obsèques ont lieu le *1ᵉʳ octobre* au cimetière des Batignolles. Le faire-part porte ces seuls mots, extraits de l'*Introduction au discours sur le peu de réalité* : « André Breton 1896-1966. Je cherche l'or du temps. »

« L'HOMME EST SOLUBLE
DANS SA PENSÉE »

Dans son projet comme dans son édition, *Poisson soluble* est indissociable du *Manifeste du surréalisme*. À l'automne 1924, les éditions du Sagittaire, chez Simon Kra, publient *Manifeste du surréalisme*. *Poisson soluble*, titre qui scelle l'intrication des deux œuvres. Le *Manifeste* a été initialement conçu comme devant constituer la préface ; cette indication, « Préface », postérieurement rayée, figure sur le manuscrit. Sur les épreuves, l'hésitation reparaît : André Breton propose successivement *Préface*, puis *Introduction au surréalisme*, et finit par barrer ces titres pour leur préférer *Manifeste du surréalisme*, à la fois plus offensif et de portée plus vaste. Mais le texte lui-même conserve une trace du propos initial : « [...] moi-même qui n'ai pu m'empêcher d'écrire les lignes serpentines, affolantes, de cette préface. » Cette transformation d'une « Préface » en un « Manifeste » inverse le rapport entre les « historiettes » de *Poisson soluble*, comme les appelle Breton,

---

Cette présentation provient pour l'essentiel de la Notice que Marguerite Bonnet, disparue en 1993, avait composée pour le tome premier des Œuvres complètes d'André Breton, paru en 1988 dans la Bibliothèque de la Pléiade.

et la réflexion théorique ; cette dernière déborde en effet singulièrement la pratique qui est à son point de départ, l'écriture automatique. On ne redira pas ici comment Breton et Soupault ont découvert en écrivant *Les Champs magnétiques* ce qui se révèle être pour eux beaucoup plus qu'une nouvelle technique. Au printemps de 1924, Breton s'adonne à nouveau à cette écriture et de manière soutenue : les précisions contenues dans le manuscrit de *Poisson soluble* permettent de fixer les dates entre lesquelles se situe cette période d'abandon à la voix intérieure, du milieu de mars 1924 au 9 mai. La rédaction de la « Préface » fut probablement entreprise tout de suite après, au retour de l'expérience à demi manquée que fut le voyage effectué au début de mai en Sologne avec Aragon, Morise et Vitrac, tentative d'exploration du fonctionnement du psychisme humain non plus à travers l'écriture spontanée mais par l'errance dans l'espace réel[1].

C'est encore du reste la mention « Préface à Poisson soluble » qui accompagne des notes préparatoires au *Manifeste* contenues dans un carnet[2] avec la date du 26 mai 1924, préludes à certains développements sur le rêve et le merveilleux : « Surréalisme (préface à Poisson soluble). L'homme est soluble dans sa pensée. Conditions. — Exemples. — Portée morale. — Les cas impurs. »

---

1. Breton a parlé de ce voyage dans le sixième des *Entretiens* de 1952 et Aragon y fait allusion dans *Une vague de rêves* (1924). Les voyageurs ayant confié au hasard le soin de leur choisir sur la carte un point de départ gagnèrent Blois par le train. Ils continuèrent à pied.
2. Une partie de ce « Carnet » a été publiée dans le numéro 13 et dernier de *Littérature*, nouvelle série, juin 1924, p. 15-19. Voir André Breton, *Œuvres complètes*, Pléiade, t. I, p. 455 et suiv.

Les textes de *Poisson soluble* sont largement antérieurs à la « Préface ». Dans une précieuse lettre à Jean Gaulmier du 21 janvier 1958, André Breton écrivait à leur propos : « Ces 32 textes — dont 31 purement "automatiques" — ont dû être écrits en 1921-1922. Ils n'ont pas été publiés dans l'ordre chronologique mais je n'oserais dire qu'une structure volontaire a présidé à leur disposition. Tout au plus un souci de variété et d'aération entre eux, comme dans les colliers, a décidé de leur enchaînement. Presque tous ont pris naissance dans des cahiers d'écolier à couverture illustrée en couleurs, comme on en trouvait alors, au cours de séances à plusieurs ou à deux (généralement Robert Desnos et moi)[1] s'appliquant simultanément à la même tâche. C'est dans ces conditions, j'en suis à peu près sûr, qu'est… venue *la pluie seule*, pour quoi je garde un faible que vous me faites le grand plaisir de partager. Ceci avait presque toujours lieu à Paris dans mon atelier, 42 rue Fontaine, qui dominait l'ancien cabaret "du Ciel" et "de l'Enfer", à l'étage au-dessus de mon appartement actuel. Exception peut être faite pour des textes comme ceux numérotés 19 et 21 qui ont eu pour décor l'hôtel Robinson à Moret et qui portent trace des reflets du Loing au lieu même où Sisley a pu les fixer. Le dernier texte (32) est le seul relativement surveillé, je veux dire ayant subi des retouches sur la dictée orale que j'avais tenté de substituer, pour une fois, à la dictée écrite. Les mécomptes étant nettement plus

---

1. Comme le montrent les manuscrits de *Poisson soluble*, Breton en est le seul auteur. Il veut dire ici que Desnos ou quelque autre de ses amis, au même moment que lui, écrivait séparément ses propres textes automatiques. Les textes de *Poisson soluble* ne sont en aucun cas des collaborations.

nombreux, j'ai dû l'abandonner plus vite que je ne voulais. Je suis incapable de dire sous quelle influence majeure je pouvais être alors : j'avais lu d'ores et déjà tout ce qui a pu être grandement déterminant pour moi (c'est bien assez connu de vous) et les dispositions dans lesquelles mes amis et moi pouvions être ne diffèrent guère de celles que l'histoire littéraire nous a prêtées [1]. »

L'examen du manuscrit, qui nous est intégralement parvenu, montre que trente et un des textes de *Poisson soluble* ont été choisis parmi une centaine d'écrits automatiques contenus dans ces cahiers d'écolier que Breton aimait et dont le souvenir passe dans *Les Champs magnétiques* : « Je ne revois de l'école que certaines collections de cahiers. Les Scènes pittoresques avec ce chiffonnier si rare, les grandes Villes du Monde (j'aimais Paris) » (« Saisons »). Il permet aussi de rectifier la datation donnée en 1958. À l'exception du texte 32 publié dans *Littérature*, nouvelle série, n° 3, 1er mai 1922, sous le titre « L'Année des chapeaux rouges », ces textes ont été écrits non entre 1921 et 1922 mais entre le milieu de mars et le milieu de mai 1924. Ils occupent sept cahiers, inégalement remplis ; plusieurs ont été utilisés simultanément.

Les textes 6, 18, 25 et 31 de *Poisson soluble* ont paru sous ce titre dans *La Revue européenne* du 1er août 1924 où ils sont datés de mars de la même année. Au mois d'août également, la revue *Images de Paris* publie sous le même titre le texte 20 sans lui attribuer de date.

Les textes sont écrits à l'encre verte ou noire et, pour les derniers, au crayon ; l'écriture si régulière de Breton est par-

---

1. Nous remercions vivement M. Jean Gaulmier de nous avoir communiqué cette correspondance.

fois déformée par la rapidité de la notation. Certaines pages ne portent aucune rature ; ailleurs, des passages sont plus ou moins abondamment corrigés. Il arrive qu'un « raté » se produise dès la phrase de départ et qu'elle soit remplacée par une autre, totalement différente ; il arrive aussi que le texte soit abandonné au bout de quelques lignes, parfois au cours d'un mot. Parmi les poèmes que Breton n'a pas retenus, douze sont faits de titres ou d'autres éléments découpés dans des journaux, comme le « Poème » du *Manifeste du surréalisme*. Certains poèmes sont annulés par un ou plusieurs traits de plume.

Le premier des sept cahiers, sans illustration celui-là, porte sur sa couverture une dédicace, « Pour Simone » (il s'agit de Simone Kahn, première épouse d'André Breton, et devenue plus tard Simone Collinet) ; à côté de la mention imprimée « 100 pages », Breton a ajouté « de pluie et de beau temps » avec sa signature réduite au prénom « André » ; en face de la mention imprimée « Appartenant à : », il a écrit : « Il avoue avoir commis plus de cent vols ET S'ENVOLE. » Ce cahier où, comme dans les cahiers 3 à 7, les textes sont numérotés en chiffres romains et parfois datés — leur succession fournissant donc des repères chronologiques pour ceux qui ne le sont pas — renferme trente-neuf textes, trente-huit numérotés de I à XXXVIII et un trente-neuvième sans numéro.

Le deuxième, illustré par un « Geoffroy Plantagenêt en armure », renferme vingt pages continues dont certains éléments constitueront le texte 26 de *Poisson soluble*.

Le troisième, dont la vignette de couverture représente un château fort haut perché sur un pic avec, en premier plan, un personnage en costume ancien coiffé d'un chapeau à plumes et porteur d'une hallebarde, contient quinze textes numérotés de I à XV.

Le quatrième, venu d'une série « Les Éducateurs du peuple », est orné d'un portrait de Lamartine et de saynètes évoquant « Le Lac », *Jocelyn*, « La Mort de Socrate » et l'*Histoire des Girondins* ; il renferme sept textes numérotés de I à VII.

Le cinquième représente la nuit du 4 août 1789 avec, en exergue, l'inscription : « La société moderne : Liberté ! Égalité ! » ; il contient seize poèmes numérotés de I à XVI et un dix-septième sans numéro, fait d'un collage de coupures de journaux.

Le sixième, orné d'une tête de jeune femme sur fond de paysage avec la mention « Une Anglaise (Europe) », renferme quatorze textes, en réalité quinze, le numéro XIV qui occupe une demi-page étant inachevé, rayé et remplacé par un nouveau numéro XIV.

Enfin, le septième porte sur sa couverture, non une illustration, mais l'indication imprimée de son lieu de provenance : « Librairie-Papeterie A. Graillot, Romorantin », ce qui, comme les mentions de lieux qu'il renferme et les précisions données à Jean Gaulmier, rattache son contenu au voyage-errance du printemps 1924 ; il renferme huit textes numérotés de I à VIII.

Comme pour *Les Champs magnétiques* et les poèmes de *Clair de terre*, il est impossible d'apprécier le degré d'automatisme de ces textes ; il varie sûrement d'un texte à l'autre et à l'intérieur d'un même texte. On signalera dans le détail des notes les préoccupations qui se rattachent assez directement au domaine conscient et même au vécu immédiat, sans se dissimuler que leur trace peut être ailleurs présente, mais aussi insaisissable que celle des reflets sur le Loing.

Le titre paradoxal que Breton a choisi pour cet ensemble apparaît pour la première fois sous sa plume dans un texte automatique noté dans le carnet de 1924 déjà cité. Nous n'en rappellerons ici que ces phrases : « Un bocal de poissons rouges circule dans ma tête et dans ce bocal il n'y a que des poissons solubles, hélas. LE POISSON SOLUBLE, j'y ai pensé et c'est un peu moi, un peu de ma sévérité native qui ne demande qu'à rire, qu'à reprocher. Tu le sais bien, toi qui regardes à l'intérieur de mes organes. » Ce texte n'est pas daté ; d'après sa place, il se situe entre mars et le 1er mai 1924. Quelques textes publiés dans *La Revue européenne* et dans *Images de Paris* au mois d'août paraissent sous l'intitulé *Poisson soluble* ; c'est, semble-t-il, assez tardivement, au moment de la correction des épreuves, que Breton le retient pour couronner l'*ensemble* des écrits automatiques qu'il publie comme illustration de sa méthode. En effet, les premières épreuves de ces pages n'ont pas de titre. Une indication manuscrite à la fin des épreuves du *Manifeste du surréalisme* porte : « laisser une ou deux pages, la première blanche, la seconde avec le titre POISSON SOLUBLE ». Cette alliance de mots, provocante, apparaît dans le texte même du *Manifeste*, où Breton situe le « poisson soluble » parmi la faune « inavouable » suscitée par l'écriture automatique, comme « les éléphants à tête de femme et les lions volants » qui surgissent dans *Les Champs magnétiques* (« Éclipses »). Il va même jusqu'à tendre au lecteur cette proposition d'apparence explicative : « [...] n'est-ce pas moi le poisson soluble, je suis né sous le signe des Poissons et l'homme est soluble dans sa pensée ! » Comment entendre cette dernière affirmation ? Signifie-t-elle que l'homme comme conscience et volonté disparaît au cours du « fonctionnement réel de la pensée », que, lorsqu'il laisse s'exprimer cet « autre » présent dans le « je », il se dissout dans « la grande inconscience vive et sonore » que célébrera *Nadja* ? La formule se prêterait même à la manifestation du rêve de fluidité totale — échapper aux limitations de la forme, de la substance — qui habite tous ces textes.

Une correction du manuscrit du *Manifeste* invite à une interprétation voisine, mais quelque peu différente cependant. Dans le premier des « Secrets de l'art magique surréaliste » Breton avait primitivement écrit : « Écrivez vite, sans sujet préconçu […]. La première phrase viendra toute seule, tant il est vrai qu'à chaque seconde il est une phrase *qui passe inaperçue au fond de l'eau.* » Il remplacera cette relative par un adjectif suivi d'un complément : « […] une phrase, étrangère à notre pensée consciente. » La continuité de l'image, ici latente, le poisson invisible, avec celle du poisson soluble, invite à penser que Breton a fini par reconnaître dans ce dernier une figure emblématique de l'écriture automatique elle-même, ce qui justifierait le choix de cette expression comme titre. On peut aussi l'entendre comme une remémoration inconsciente d'un vers d'Apollinaire, venu de « Visée » (dans *Calligrammes*) : « Entends nager le Mot poisson subtil. » Il n'y a pas si loin, phonétiquement, du « poisson subtil » au « poisson soluble » !

Enfin, rappelant le sens du poisson dans le symbolisme chrétien, pour établir un lien entre le surréalisme et le poisson, Maurizio Fagiolo dell'Arco nous entraîne à partir de Giorgio de Chirico dans une tout autre direction, que nous signalons, sans l'emprunter nous-même. Elle est proposée à la fois dans son étude *Giorgio de Chirico, « Le Rêve de Tobie », un interno ferrarese, 1917 e le origini del Surrealismo* et dans son article « De Chirico à Paris 1911-1915[1] ». Le poisson SUR-RÉALISME[2] figurerait l'achèvement d'une nouvelle ère et serait emblématique de la révolution voulue par le surréalisme dans le langage et la vie. Ces interprétations, pour ingénieuses et brillantes qu'elles soient, n'en restent pas moins très discutables : c'est par *Poisson soluble*, déjà présent dans le carnet de 1924, et non par *Les Poissons sacrés* chiriquiens, que le surréalisme se trouve lié au poisson. En second lieu, s'il est vrai que le mouvement est senti par l'enthousiasme de ses jeunes adeptes comme un recommencement dans l'histoire du monde[3], il nous paraît hasardeux de lier cette certitude à un symbole chrétien que toutes les convictions des surréalistes éloignent de leur pensée.

En 1966, Aragon établit un parallèle inattendu entre la découverte et l'emploi des imaginaires en mathématiques et la tentation poétique du surréalisme, en prenant pour exemple « EXEMPLAIRE » précisément *Poisson soluble*[4]. Ne peut-on aussi penser à un jeu entre « poisson soluble » et « poison soluble » (le titre a été trouvé après l'affaire du faux Rimbaud, « Poison perdu », qui est de l'automne 1923) ?

Mais Breton lui-même remet à leur place, au bénéfice de

1. Rome, De Luca, 1980; catalogue de l'exposition *De Chirico*, Centre Georges-Pompidou, MNAM, 24 février-25 avril 1983, p. 63-91.

2. Intérieur de la page de couverture de *La Révolution surréaliste*, n° 1, 1er décembre 1924. Sous le montage de photographies de la couverture, l'inscription : « Il faut aboutir à une nouvelle déclaration des droits de l'homme » renvoie bien à l'idée d'un recommencement.

3. Voir la couverture du numéro 3 de *La Révolution surréaliste*, 15 avril 1925, qui annonce la « fin de l'ère chrétienne ».

4. « La Fin du "Monde réel" », postface à la réédition des *Œuvres romanesques complètes*, après la réécriture des *Communistes*.

la provocation, ces gloses autour d'un titre, s'il faut en croire des propos tenus à New York pendant la guerre devant Charles Duits : « Les journalistes, je les ai bien embêtés, au temps de *Poisson soluble*, disait-il avec une espèce de farouche contentement. Oui, avec *Poisson soluble*, je les ai eus[1] ! »

Parmi les analyses d'ensemble consacrées à *Poisson soluble*, on retiendra d'abord le texte capital de Julien Gracq, « Spectre du Poisson soluble »[2] : le lecteur le découvrira en tête de cette édition. Pour sa part, Ferdinand Alquié, saluant dans *Poisson soluble* une œuvre clé du surréalisme, y lit « le désir d'exister dans l'amour » qui prend « le visage de joies sensuellement amoureuses » dans un climat « tout de clarté[3] ». Même éblouissement chez Philippe Audoin[4] ; tandis que Sarane Alexandrian l'interprète comme une « autobiographie imaginaire », où le « je » constituerait le principe de cohérence entre les divers épisodes[5]. Nous avons dit ailleurs pourquoi il est difficile d'accepter ce point de vue : en effet, bien qu'on retrouve dans ces pages la faune et la flore chères à Breton ainsi que des éléments de sa géographie réelle et mythique (lieux parisiens transfigurés : porte Saint-Denis, Grands Boulevards, Pont-Neuf ; reflets d'eau de la

1. Charles Duits, *André Breton a-t-il dit passe*, Denoël/Les Lettres nouvelles, 1969, p. 71.
2. Dans *André Breton. Essais et témoignages*, Neuchâtel, La Baconnière, 1950. Julien Gracq a repris son étude dans *Préférences* (Corti, 1961), puis au tome I de ses *Œuvres complètes* (Gallimard, Pléiade, 1989).
3. *Philosophie du surréalisme*, Flammarion, 1965, p. 15-17.
4. *Breton*, Gallimard, « Pour une bibliothèque idéale », 1970, p. 130.
5. *André Breton par lui-même*, Seuil, « Écrivains de toujours », 1971, p. 40-42.

Sologne ; château, etc.), le statut du « je » n'y a rien d'assuré ni de stable, pas plus dans l'espace que dans le temps, et son mode d'insertion dans le récit, récit d'ailleurs assez souvent impersonnel, l'empêche d'en constituer l'élément unificateur.

Un autre problème, de nature formelle, retient l'attention à la lecture de *Poisson soluble* ; il n'a encore été traité que partiellement. Les textes du recueil, bien plus nettement que ceux des *Champs magnétiques*, ont tendance à s'organiser en récit, de types variés : faits divers (12, 17, 18, 20, 22, 29), contes (1, 3, 5, 8, 13, 27), récits d'aventures (24, 26, 28, 32), sans que les frontières soient clairement tracées. Parfois le texte se rattache plus ouvertement au poème en prose (9, 15, 16, 25), même si des éléments narratifs viennent interférer avec le lyrisme. Ailleurs, le récit se fait scénario pour film burlesque (10) ou poétique (19, 21), ou bien affleurent épisodiquement les données d'un spectacle (1, 7, 13), cette théâtralisation conduisant avec le texte 31 à une forme véritablement dramatique qui comporte décor, personnages et dialogue. Mais la prédominance du récit est un leurre ; le récit est constamment perverti. Laurent Jenny a abordé ponctuellement la question dans son article « La Surréalité et ses signes narratifs [1] », à travers l'étude du texte 27. Il montre comment l'automatisme viole les codes traditionnels (signal linguistique du conte, héros paradigmatique, mise en situation, action, etc.) et les perturbe entièrement pour ne garder que la « couverture narrative ». Une étude plus détaillée de tous les éléments du « récit » permettrait d'y montrer à l'œuvre cette « Perturbation » aux cent modes que célébrera

1. *Poétique*, n° 16, 1973, p. 499-520.

un peu plus tard le roman-collage de Max Ernst où apparaît
« Perturbation, ma sœur, la femme 100 têtes ». Si les struc-
tures temporelles propres à la logique narrative (imparfait,
présent historique, parfait de l'événement soudain) sont bien
là, leur articulation est trompeuse, souvent contradictoire ;
un constant « tremblé » du temps ou du mode verbal trouble
l'enchaînement des situations ou des faits, où l'usage simul-
tané du futur et du conditionnel vient ouvrir des perspec-
tives autres, en fuite par rapport à la réalité déjà instable
établie par le contexte ; ainsi surgissent ici ou là des
séquences prophétiques ou se creusent un peu partout des
béances narratives. La représentation de l'espace est encore
plus dépaysante ; il fluctue et divague, permettant tous les
déplacements — et le texte affiche souvent avec désinvolture
sa mobilité (3, 32). Les lieux privilégiés — Paris, ses rues, ses
places (3, 8, 18, 26, 28, 32) ; la forêt (4, 6, 14, 16, 21, 23, 24) ;
le château (1, 14, 15, 21) ; la chambre (7, 20, 22, 26, 31, 32) —
préservent la fluidité de l'errance, car ils sont lieux de passage
ou de rencontre et font coexister la clôture et l'ouverture : le
lieu clos par excellence, la tombe, devient une barque (14), la
chambre d'amour donne sur un navire, sur une prairie, sur
« la richesse des anciennes villes » (32). Enfin les person-
nages, souvent anonymes, toujours vagues et prêts à passer
d'un règne dans l'autre, entraînés par un devenir où le vou-
loir-être-humain des choses répond au vouloir-être-chose des
humains, créent une insécurité et une instabilité généralisées
qui minent le récit, alors même que leur présence le mime.
Le texte déconcerte d'autant plus qu'il est traversé de rémi-
niscences culturelles, historiques, légendaires, littéraires ;
nous les signalerons dans les notes chaque fois que nous les
aurons perçues. Leur fonction est diverse : certaines, par l'in-

congruité de leur apparition, constituent des éléments humoristiques qui désacralisent les hiérarchies culturelles ; d'autres souvenirs, nombreux, viennent des poètes que Breton a pratiqués assidûment, de l'univers des légendes ou de l'enfance ; vivants dans une mémoire qui les a intériorisés au point de contenir leur parole à l'état de « solution » dans la sienne, ils enrichissent, par ces prolongements, la résonance imaginative d'un texte inlassablement labile.

Une analyse de *Poisson soluble* ne saurait non plus négliger les modes d'engendrement du texte par lui-même, des mots par les autres mots. Nous nous sommes tout particulièrement attachée ailleurs à montrer comment, dans de telles pages, « les mots font l'amour », selon la formule de Breton. Si l'on prête attention au pouvoir de germination du langage livré à lui-même, on repère en effet des associations par contamination phonétique, jeu sur le signifiant et ses divers signifiés, par appels sémantiques, par bourgeonnement d'une souche mère, cliché ou image, par constructions analogiques, etc., ces processus transformationnels confirmant le caractère verbo-auditif du message automatique. Nous renvoyons sur ce point à notre ouvrage, *André Breton. Naissance de l'aventure surréaliste*[1], et nous ne reprendrons pas ici dans le détail des textes l'indication de ces rapports.

Mais il nous faut signaler ce qui sépare notre interprétation générale du livre de celles qui en exaltent la légèreté radieuse. Sans récuser ce qui a été dit sur le climat amoureux de ces pages et la place qu'y tient la femme, nous insistons sur leur ambivalence et marquons en elles la part de l'ombre : l'objet rêvé y devient constamment un objet *perdu*,

1. José Corti, 1975, rééd. 1988, p. 386-401.

la figure féminine y apparaît mutilée, parcellisée, ce qui nous amène à les lire plutôt comme des textes du manque et de la frustration que comme des expressions toutes lumineuses du désir réalisé.

S'il est impossible de saisir les contenus latents de ces pages et les ressorts cachés de la mise en scène fantasmatique qui s'y opère, peut-être la nature et la violence de ces contenus expliquent-elles la réaction de rejet que Breton a manifestée à leur égard. On remarquera que, de 1929 à 1966, il y a eu *une seule* réédition de *Poisson soluble*, en 1962, dans le recueil comprenant les manifestes et d'autres textes publié par Jean-Jacques Pauvert. Comme le note Julien Gracq, « tout se passe comme si Breton réservait au *Poisson soluble* cette distraction profonde et cette rancune inavouée qu'un écrivain ne manque guère de reporter sur l'un de ses livres […] ». Des conversations avec Breton ont donné à José Pierre comme à nous-même la confirmation de cette « rancune » : « ce livre me dégoûte », murmurait-il devant l'un, « nausée » devant ce livre, disait-il à l'autre. La lettre à Jean Gaulmier déjà citée est sur ce point d'un intérêt extrême : « Je vous ai déjà confié, je crois, que *Poisson soluble*, à le faire aujourd'hui repasser sous mes yeux, me cause un certain malaise. Autant je suis resté fidèle au principe qu'il illustre, autant je me défends mal d'un certain "écœurement" qu'il me donne (comme lorsqu'enfant il m'arriva de manger trop de fleurs d'acacia). À distance et à tête dite reposée, j'en aperçois trop bien aussi les courts-tournants bien trop fréquents et les complaisances qui me font penser à l'attitude (frôlant on ne sait quelle culpabilité) de l'enfant des "Chercheuses de poux". C'est bien difficile à expliquer. »

Quoi qu'il en soit, l'automatisme n'en a pas moins ici accompli sa fonction qui est de faire monter lentement au jour de la conscience les exigences et le besoin profonds. Sous cet angle, *Poisson soluble* paraît représenter une étape essentielle dans le cheminement intérieur qui, un peu plus tard, grâce à Nadja mais par-delà sa personne, produira chez Breton une mutation décisive et lui fera reconnaître dans la passion amoureuse la loi absolue de son être et de son destin. La conviction en est proclamée dans le dernier chapitre du livre, adressé à celle qui vient de faire irruption dans la vie du poète après la disparition de Nadja, celle qui n'est pas, elle, un esprit de l'air, qui n'est pas une énigme, mais « qui n'[est] rien tant qu'une femme »... Si bien que nous persistons à penser que les résultats de l'écriture automatique valent moins en eux-mêmes que par la fonction qu'ils remplissent : la mise en mouvement, à l'insu du poète lui-même, de forces intérieures puissantes. La visée du surréalisme, son refus si souvent proclamé de la « littérature » et son ambition connexe de lier étroitement la poésie et la vie, s'y réalise — à condition que nous consentions à prendre ces pages pour ce qu'elles sont, non des produits finis, immobilisés dans les cristallisations du langage, mais les traces ambiguës et souvent incertaines du désir lancé à la recherche de lui-même.

Marguerite Bonnet
avec le concours de Philippe Bernier

NOTE BIBLIOGRAPHIQUE

Le nombre des travaux critiques consacrés à André Breton et à son œuvre interdit de donner une bibliographie exhaustive. Outre l'édition des *Œuvres complètes* d'André Breton parue chez Gallimard dans la Bibliothèque de la Pléiade, édition établie par Marguerite Bonnet, t. I, 1988, t. II, 1992 (t. III et IV à paraître), nous indiquons seulement quelques titres essentiels :

Julien Gracq, *André Breton. Quelques aspects de l'écrivain*, Paris, José Corti, 1948.

Marguerite Bonnet, *André Breton. Naissance de l'aventure surréaliste*, Paris, José Corti, 1975.

Gérard Legrand, *Breton*, Paris, Belfond, 1977.

Catalogue de l'exposition *André Breton. La beauté convulsive*, Agnès de La Beaumelle et Isabelle Monod-Fontaine éd., Paris, MNAM, Éd. du Centre Georges Pompidou, 1991.

Marie-Paule Berranger, « *Poisson soluble* ou les mains vierges de la petite niche à fond bleu du travail », dans *Une pelle au vent dans les sables du rêve. Les écritures automatiques*, études réunies par Michel Murat et Marie-Paule Berranger, Presses universitaires de Lyon, 1993.

Le lecteur pourra se reporter à la bibliographie de Michael Sheringham, *André Breton. A Bibliography*, Londres, Grant and Cutler, 1972 (supplément par A. Adamovicz, 1992).

NOTES

Page 28.   I

Une femme chante à la fenêtre : Cette vision renvoie sans doute à la « Fantaisie » de Nerval par le château, le parc, la « dame à sa haute fenêtre ».

Madame de Pompadour : La mention incongrue du personnage historique, hors de tout contexte la justifiant, appartient à ces modes de perversion du récit qui caractérisent les textes automatiques.

satin couleur du jour : Autre type de référence culturelle, l'univers du conte. « Il y a des contes à écrire pour les grandes personnes, des contes encore presque bleus » (*Manifeste du surréalisme*). La combinaison de satin couleur du jour fait penser à la robe « couleur du temps » que Peau d'Âne demande à son père.

Page 30.

dans chaque rose sa tête coupée : Saint Denis est souvent représenté tenant dans ses mains l'attribut de son martyre, sa tête coupée.

Page 36.   3

des exploits de piqueurs mystérieux : Dans les années vingt, on parlait beaucoup de « piqueurs » qui enfonçaient des épingles à chapeau dans le corps des voyageuses du métro.

Non loin de là, la Seine charriait : Faut-il voir dans l'attaque de ce paragraphe l'écho fugitif d'un épisode des *Chants de Maldoror* : « La Seine entraîne un corps humain » (chant deuxième) ?

Page 37.

l'Ève nouvelle : L'Ève nouvelle renvoie à *L'Ève future* de Villiers de L'Isle-Adam.

Page 38.   4

Les oiseaux : Le lieu et la date d'écriture de ce texte (Moret, 9 mai) le rattachent à ceux dont Breton dit, comme on l'a vu, qu'ils « portent trace des reflets du Loing » ; un grand paysage d'eau et de ciel s'esquisse ici.

Page 42.   5

prunelle de licorne ou de griffon : Licorne et griffon renvoient à l'univers du Moyen Âge cher à Breton, comme les diverses allusions aux romans de la Table ronde et dans le texte 21 le lévrier doré et les soldats en cottes de mailles.

Page 46.   7

chevaliers de cette table : Ces chevaliers procèdent des chevaliers de la Table ronde.

Page 47.

car le salon central repose tout entier sur une rivière : On songe ici au « salon au fond d'un lac » rimbaldien (*Une saison en enfer*, « Délires II », « Alchimie du verbe »). Des visions du même type affleurent plus fugitivement dans d'autres textes : 14, 19, 22, 24, 26, 32.

Page 49.

Nous réduirons l'art à sa plus simple expression qui est l'amour : Il est impossible dans le cadre de cette édition de recenser tous les retentissements d'une formule de très longue portée.

Page 48.

sous les villes que nous voulons faire sauter : On peut saisir ici des préoccupations se rattachant au domaine conscient. Le projet surréaliste de subversion s'énonce dans un ensemble de métaphores d'autant plus aisément déchiffrables qu'elles s'organisent à partir d'un « nous » collectif et que, à peine déplacées, elles émergent dans le *Traité du style* d'Aragon.

Page 49.

nous réduirons aussi le travail : Expression d'autres valeurs surréalistes essentielles, l'amour, le refus du travail.

la corde des étoiles au cou, en chemise verte : Diverses références culturelles viennent de ces « livres d'enfance » dont Breton dira ailleurs l'importance dans la formation d'une sensibilité (« Avis au lecteur pour *La Femme 100 têtes* de Max Ernst », 1929, repris dans *Point du jour*, 1934). Parmi eux, les petits manuels d'histoire de Lavisse par lesquels des générations ont été formées, et leurs illustrations frappantes pour des esprits enfantins. On reconnaît ici, déplacée par le courant lyrique, l'image des bourgeois de Calais faisant amende honorable devant le roi d'Angleterre, en chemise et la corde au cou, qui inspirèrent à Rodin son groupe monumental. Ces illustrations sont très directement rappelées dans *Arcane 17* (1945 et 1947).

Page 51.   8

Quelle sainte au tablier de roses : L'iconographie de sainte Thérèse de Lisieux la représente les bras ou un pan de son vêtement pleins de roses.

Page 54.   9

des renégats à œil de cassis, à cheveux de poule : Image maldororienne : voir le chant sixième des *Chants de Maldoror*, « l'homme aux lèvres de bronze », « l'homme aux lèvres de jaspe », « l'homme aux lèvres de saphir », « l'homme aux lèvres de soufre ». Le renégat apparaît à la fin de ce même chant.

Page 55.   10

Paul et Virginie : L'alliance de ces prénoms renvoie au célèbre roman de Bernardin de Saint-Pierre, *Paul et Virginie* (1787). L'effet humoristique est certain.

Page 62.   12

la magistrale attitude de Marat mort : Allusion au célèbre tableau de David, *Marat assassiné*. On trouve nombre d'exemples de l'« émotion » que les figures des Conventionnels français (en particulier Robespierre, Saint-Just et Marat) ont donnée « une fois pour toutes » aux surréalistes.

Page 63.   13

de charbon ardent : Nous sommes ici dans l'univers du conte : le charbon ardent et, plus loin, les baguettes de craie apparaissent comme un équivalent de la baguette magique.

Page 64.

elle descendit l'escalier de la liberté : En ce personnage, sœur de Peau d'Âne et de Cendrillon, affleure peut-être aussi le monde d'*Alice au pays des merveilles*. L'« escalier de la liberté » peut rappeler la descente d'Alice dans le terrier du lapin blanc au chapitre premier ; la partie de cartes des gardes peut être une réminiscence lointaine des personnages en forme de cartes à jouer qui composent le cortège du Roi et de la Reine, tandis que l'« exécution capitale » à laquelle fait allusion le texte de *Poisson soluble* quelques lignes plus loin évoque les condamnations sans appel de la Reine : « Qu'on leur tranche la tête ! » (chap. VIII).

Page 69.   15

des yeux de colchique : Le poème d'Apollinaire « Les Colchiques », dans *Alcools*, établit aussi un double rapport des colchiques et des yeux, des colchiques et des enfants.

Page 70.

dans les rondes de nuit : Cette jonction des jeux de l'enfance à la ronde de nuit se trouve déjà dans le poème « Épervier incassable » de *Clair de terre*, où le tour (de ronde) rebondit en « tours de passe-passe ».

dans un salon de la Malmaison : La figure de l'impératrice Joséphine passe aussi dans *Les Vases communicants* où sont évoquées les lettres que Bonaparte lui écrivit pendant la campagne d'Italie et dans le poème « Le Brise-lames » de *Martinique charmeuse de serpents*.

les merveilleux paradis : L'oiseau de paradis apparaissait déjà dans un poème de *Mont de piété*, « L'An suave ». On le retrouve dans un poème de 1948, « Korwar ».

comme il y a l'oiseau-lyre : Si l'oiseau-pluie relève du pur imaginaire, le ménure ou oiseau-lyre fait partie de l'univers de Breton. Il apparaît aussi dans le texte 32 de *Poisson soluble* et dans le chapitre v de *L'Amour fou* où il est vu comme l'exemple même de « l'intrication en un seul objet du naturel et du surnaturel ». Un oiseau-lyre se trouve, parmi d'autres espèces, dans la vitrine d'oiseaux exotiques naturalisés encore présente aujourd'hui dans l'appartement de Breton.

la Pluie au bois dormant : La féminisation de la pluie s'achève par sa transformation en Belle au bois dormant.

corsets et cottes de mailles : Le Moyen Âge est à nouveau présent (viole, lévrier, château, ville à remparts, soldats en cottes de mailles) dans toute cette fin de texte.

le brusque luisant de son mollet : Toute une série d'éléments rapprochent cette figure féminine de la « passante » de Baudelaire (*Les Fleurs du mal*, XCIII). Baudelaire : femme « en grand deuil », « sa jambe de statue », « son œil livide où germe un ouragan ». Breton : femme « en grand deuil », « l'éclair de son visage », « le brusque luisant de son mollet ».

surtout les cerfs blancs : Le cerf blanc apparaît dans un épisode des romans de la Table ronde : il porte une chaîne d'or et avance protégé par quatre lions. Le « cerf blanc à reflets d'or » revient dans *Fata Morgana* (1940).

des fougères dont les crosses blondes : La fougère est souvent liée chez Breton à la figure de la femme. Ailleurs, il rapproche les crosses de fougère non plus des cheveux mais des yeux : « Les grands yeux clairs, aube ou aubier, crosse de fougère, rhum ou colchique » (*L'Amour fou*, chap. Ier). Dans *Nadja*, ce sont aussi les yeux qui deviennent des « yeux de fougère ».

Peignez vos cheveux à la fontaine : La fontaine, le peigne et les cheveux se rencontrent aussi dans un épisode des aventures de Lancelot.

hurlantes de jolies bêtes et d'hermines : L'hermine et son cri sont souvent en relation chez Breton avec le corps féminin. Voir le texte 26 : « la femme aux seins d'hermine » ; le poème « Quels apprêts » (dans *Poèmes*, 1948) : « C'est l'heure où les filles soulevées par le flot de la nuit qui roule des carlines / Se raidissent contre la morsure de l'hermine / Dont le cri / Va mouler les pointes de leur gorge » ; *Arcane 17* : « Ses seins sont des hermines prises dans leur propre cri, aveuglantes à force de s'éclairer du charbon ardent de leur bouche hurlante. » Un passage de *Fata Morgana* rapproche la fougère et l'hermine : « Si j'étais un symbole Tu serais une fougère dans une nasse / Et si j'avais un fardeau à porter Ce serait une boule faite de têtes d'hermines qui crient. »

quelle folie ! : Ne peut-on entendre dans ces lignes rêveuses une allusion à l'opération même de l'écriture automatique à partir de la phrase obsédante qui commande et relance obstinément toute la coulée ?

du côté du Pont-Neuf : Le Pont-Neuf, la place Dauphine sont des lieux aimantés pour Breton (voir « Pont-Neuf » dans *La Clé des champs*). Sur le Paris de Breton, voir Jean Gaulmier, « Remarques sur le thème de Paris chez André Breton » (1971), dans *Les Critiques de notre temps et Breton*, ensemble recueilli et présenté par Marguerite Bonnet, Garnier, 1974, p. 130-138.

d'un balcon de City-Hôtel : Le City-Hôtel apparaît dans *Nadja* (journée du 6 octobre) où est rappelé ce texte 24 de *Poisson soluble*.

Page 95.

à l'orée d'un bois de laurier gris : Derrière cette figure née d'appels phonétiques (lorette/laurier) se profile l'ombre de Tristouse Ballerinette qui, dans *Le Poète assassiné* d'Apollinaire, apparaît à Croniamantal tenant « une corde à jouer » ; l'oiseau du Bénin lui suppose « la saveur d'une feuille de laurier » (voir chap. 10 et 12). On sait que Tristouse, par divers traits, est un personnage inspiré par Marie Laurencin (Laurencin/laurier) à qui Breton la lie explicitement dans son essai « Madame Marie Laurencin » (*O.C.*, Bibl. de la Pléiade, t. I, 1988, p. 22).

Page 97. 25

Quel est-il ? Où va-t-il ? Qu'est-il devenu ? : Le contenu du texte, écrit le 25 ou le 26 mars 1924, malgré ses transpositions et ses dérives, se réfère incontestablement à la disparition d'Eluard le 24 mars. On se rappelle qu'Eluard, fin mars 1924, disparaît en laissant un message inquiétant, ce qui inspirera à ses plus chers amis des angoisses dont la presse quotidienne se fera l'écho : voyage « absurde » autour du monde en fait, tentative rimbaldienne avortée.

Il existe pour ce texte un premier état beaucoup plus étendu, qui fournit un exemple intéressant de reprise surveillée d'un texte automatique. Plutôt que de faire l'hypothèse d'une ambiguïté au sein de l'écriture, il nous semble avant tout qu'il faut tenir compte de la lassitude que provoquent chez Breton les très longs textes automatiques, lassitude qui le pousse à en abandonner des pans entiers (voir aussi le texte 32).

Page 105.   27

comme le chapeau haut de forme : Le chapeau haut de forme, présence humoristique dans la mythologie moderniste des années vingt, a joué une fonction polémique en 1922 dans la rupture avec Tzara (voir *O.C.*, t. I, p. 1922).

Page 110.   29

une sorte de lyre à gaz : L'expression « lyre à gaz » désignait couramment un appareil d'éclairage au gaz, produisant une flamme plate et élargie en ailes, utilisé notamment dans les intérieurs. Le Larousse du XXᵉ siècle de 1930, au mot « Éclairage », montre une image dont la légende est : « Bec papillon (lyre à gaz) ». L'étrangeté réside non dans la désignation, parfaitement normale, mais dans les métamorphoses subies par la lyre à gaz.

Satan couleur de feu : Une carte postale est collée dans le manuscrit en face de la description de chacun des personnages ; elle représente un couple au clair de lune ; l'homme porte une sorte de chapeau d'Arlequin et la femme une toilette très ornementée. L'ensemble s'apparente à nombre de cartes postales que collectionnait Eluard et dont le numéro 3-4 de *Minotaure* (décembre 1933) fournit maintes reproductions avec un commentaire du poète.

Page 117.

des folgores porte-lanterne : Le fulgore porte-lanterne (que Breton écrit ici folgore) est un animal maldororien. Il apparaît à la fin du chant cinquième des *Chants de Maldoror*. On le retrouve chez Breton dans « Le Puits enchanté » (vers 1935), repris dans *Poèmes* (1948) : « La ville aux longues aiguillées de fulgores / Monte jusqu'à se perdre / Le long d'une rampe de chansons… »

Page 118.

le père ne fut plus seul avec son fils : Y a-t-il avec ce « plongeon dans la conscience humaine » et l'indication d'un changement dans le rapport père/fils une allusion indirecte à Freud ?

Page 119.

Il sort en ricanant : Dans *Nadja*, Breton rapporte que Nadja, à qui il avait prêté le volume du *Manifeste du surréalisme*, n'a lu que cette scène qui lui donne l'impression d'avoir joué le rôle d'Hélène. Il se déclare aussi dérouté que son lecteur par ce texte.

Page 120.   32

J'étais brun quand je connus Solange : Ce texte, le plus ancien de *Poisson soluble* et le seul d'après Breton à ne pas relever pleinement de l'automatisme, a paru sous le titre « L'Année des chapeaux rouges » dans *Littérature*, nouvelle série, nº 3, 1er mai 1922, p. 8-14. La présentation du texte y est différente et respecte la division en deux chapitres du manuscrit, division que Breton efface dans *Poisson soluble*. Cette disposition répondait à la visée originelle du poète qui parle de ces pages comme d'un roman. Aurait-il, alors, été moins hostile au roman qu'il ne le deviendra deux ans plus tard au temps du *Manifeste* ou la tentative ne vise-t-elle pas surtout à pervertir une forme reconnue ? En effet, si le texte se veut discours narratif organisé de façon plus ou moins conséquente autour de la rencontre de Solange et du narrateur, contée à l'imparfait, temps du récit, si quelques repères temporels et spatiaux sont placés ici ou là, de multiples dérives, l'irruption d'un présent particulier ou général, le statut incertain des personnages, la relativité des moments et des lieux, même si les rues de Paris y reçoivent leur vrai nom, tout sert à perturber la trame du récit au point de l'annuler et d'interdire tout dénouement : aussi, bien que le texte du manuscrit soit plus long que le texte publié, il ne s'achève pas ; le chapitre 2 reste en suspens et le chapitre 3 annoncé pour paraître dans le numéro 5 de *Littérature* en est resté à son titre : « Un monde à part ». Et de fait, comment de tels textes où l'arbitraire est la règle pourraient-ils se clore, sinon par une décision arbitraire ? Car chaque élément verbal peut jouer le rôle d'amorce pour une séquence nouvelle, et ainsi de suite, à l'infini… si n'intervenait la lassitude de l'écrivain.

À propos du prénom *Solange*, voir la note de Breton dans l'édition de 1928 de *Nadja* (*O.C.*, t. I, p. 693). Rappelons que la troublante héroïne de la pièce de Pierre Palau, *Les Détraquées* (1921), racontée dans *Nadja*, s'appelle Solange.

Page 122.

cuirassé LA *DÉVASTATION* : *La Dévastation* était le nom d'un croiseur-cuirassé qui fut stationné en Bretagne vers 1905, avec le *Charles-Martel* et le *Guichin* ; il tenait le rôle de navire-amiral.

Page 123.

avec des yeux violets : Bien que Breton ait eu le violet en horreur, la fascination — peut-être venue de Rimbaud — qu'exercent sur lui les yeux violets se dit dans *Les Vases communicants*. Voir aussi le huitième poème de *L'Air de l'eau* : « Yeux zinzolins de la petite Babylonienne trop blanche » (1934).

Page 124.

houle de Liberty : Le Liberty est une étoffe de soie, souple, légère et riche, servant pour les vêtements féminins, les tentures, l'ameublement.

une armurerie des passages : Ces passages sont les deux galeries qui composent le passage de l'Opéra, détruit en 1925. La première partie du *Paysan de Paris* d'Aragon (1926) est consacrée à l'évocation de ces galeries ; il signale effectivement une armurerie dans la galerie du Baromètre. On sait que les lieux de réunion favoris du groupe de *Littérature* étaient dans ce passage de l'Opéra les cafés Certà et le Petit Grillon. Aragon les célèbre l'un et l'autre. Nombre de textes de ces années vingt sont écrits sur du papier à en-tête de l'un ou l'autre de ces cafés.

Page 128.

l'arlequin de Cayenne : L'arlequin de Cayenne (*Acrocinus longimanus*, de son nom scientifique) est un grand et beau coléoptère d'Amérique intertropicale, longicorne, aux pattes antérieures démesurées, aux élytres ornés de taches rouges et grises, du genre acrocine.

Page 129.

Mécislas Charrier : Fils naturel de l'écrivain Mécislas Goldberg (anarchiste individualiste qui fréquentait les milieux littéraires du Quartier latin avant la guerre), Mécislas Charrier participa en juillet 1921 à l'agression commise dans le rapide Paris-Marseille, où trois jeunes gens masqués avaient dévalisé les voyageurs d'un wagon, tuant l'un d'entre eux qui tentait de résister. Arrêté à Paris le 30 juillet, Charrier, dandy nihiliste, ne se départit pas d'une attitude de défi ; il fut exécuté le 2 août.

Rosa-Josepha : Les sœurs siamoises Rosa-Josepha Blazek, d'après une allusion contenue dans *Comœdia* du 2 avril 1922, s'étaient récemment produites à Paris au théâtre des Ternes. Nées en Bohême le 20 janvier 1878, elles moururent à Chicago à l'automne de 1922 ; elles avaient eu un enfant vers 1910. Un article paru dans *Littérature*, nouvelle série, n° 5, 15 octobre 1922, p. 22-24, signé du docteur Henri Bouquet et intitulé « Rosa-Josepha et la vie sexuelle des monstres », traite de leur cas.

Ce volume,
le trois centième
de la collection Poésie,
a été composé par Interligne et
achevé d'imprimer par
l'imprimerie Bussière à Saint-Amand (Cher),
le 2 mai 1996.
Dépôt légal : mai 1996.
Numéro d'imprimeur : 924.
ISBN 2-07-032917-8./Imprimé en France.